La nouvelle théorie économique

Élie SADIGH

La nouvelle théorie économique

L'Harmattan

5-7, rue de l'École-Polytechnique ; 75005 Paris

http://www.librairieharmattan.com
diffusion.harmattan@wanadoo.fr
harmattan1@wanadoo.fr

ISBN : 978-2-296-56039-0

EAN : 9782296560390

À Leny

Du même auteur :

MONETA E PRODUZIONE (1988) ; ouvrage collectif. Giulio Einaudi Editore. Collection Scientifica Einaudi.

LA RENTE FONCIÈRE (1990) ; ouvrage collectif. Ed. adef (Association des Etudes Foncières).

CRISE ET DEPENSE DU PROFIT (1994) ; préfacé par Augusto GRAZIANI, professeur à l'Université de Rome La Sapienza ; Ed. LATEC. Centre national de la recherche scientifique, Université de Bourgogne.

LA THEORIE ECONOMIQUE DOMINANTE :
UN SIECLE D'IMPOSTURE (1998) ; Ed. L'Harmattan

PRINCIPES DE L'ECONOMIE SALARIALE (1999) ; Ed. L'Harmattan

DU LIBERALISME OU DE LA LOI DU PLUS FORT A L'ECONOMIE POLITIQUE
(2001) ; Ed. L'Harmattan

VALEUR, PRIX ET CAPITAL (2002) ; Ed. L'Harmattan

ETUDE ECONOMIQUE ET GEOPOLITIQUE DU DEVELOPPEMENT
(2003) ; Ed. L'Harmattan

PLEIN-EMPLOI, CHÔMAGE : Synthèses critiques et propositions
(2003) ; Ed. L'Harmattan

LA PROPRIETE : LE PROPRE, L'APPROPRIATION (2004) ; ouvrage collectif. Ed. Ellipses

THE MONETARY THEORY OF PRODUCTION
Tradition and perspectives (2005) ; ouvrage collectif. Ed. Palgrave Macmillan

METHODOLOGIES ECONOMIQUES ET ETHIQUE SCIENTIFIQUE
(2006) ; Ed. L'Harmattan

DELOCALISATIONS, CHÔMAGE : *Les remèdes* (2006) ; Ed. L'Harmattan (traduit en italien)

ORGANISATION MONDIALE DU COMMERCE ; *La supercherie*
(2007) ; Ed. L'Harmattan (traduit en russe)

DES INÉGALITÉS ÉCONOMIQUES AUX INÉGALITÉS SOCIALES ; *Propositions pour un monde plus juste.* (2008) ; Ed. L'Harmattan

LE DEVELOPPEMENT DURABLE ET EQUITABLE (2008) ; Ed. L'Harmattan

ECONOMIE POLITIQUE ET POLITIQUE ÉCONOMIQUE : *Pour une économie sans crise*
(2009) ; Ed. L'Harmattan

AFRIQUE, LE CONTINENT PILLE : Atouts, handicaps, perspectives et propositions
(2009) ; Ed. L'Harmattan

LA FINANCIARISATION : CAPITAL CONTRE TRAVAIL (2010) ; Ed. L'Harmattan

PUISSANCE ET DECADENCE DES ETATS : La solution économique (2011) ; Ed. L'Harmattan

Introduction générale

Durant des siècles, les règles de fonctionnement de l'économie ont été inexistantes ou alors elles étaient établies par la coutume, par les autorités dites spirituelles ou par les dirigeants. Dans la majorité des cas, c'était la loi du plus fort qui l'emportait et s'imposait. Avec l'apparition des théories économiques, on pouvait espérer que seraient établies des règles dont l'application assurerait le fonctionnement harmonieux de l'économie et donc ne ferait apparaître ni gagnants ni perdants, mais cela n' a pas été le cas. L'étude des théories économiques, des mercantilistes à nos jours, m'a amené à distinguer essentiellement trois sortes de théories qui résultent de l'emploi de méthodes différentes : les théories fondées sur des constats, les théories fondées sur des constats et des hypothèses et les théories fondées sur une analyse rationnelle. Dans mes ouvrages, je démontre que les deux premières sortes de théories n'ont pas de fondement rationnel, elles sont partisanes du fait qu'elles tentent soit de justifier des situations établies, soit de défendre le revenu ou les intérêts de certaines catégories. En fait, ces théories établissent des règles arbitraires, dont l'application est, au niveau national, à l'origine de la spoliation de tous ceux qui travaillent, principale cause des conflits à l'intérieur des pays et, au niveau international, à l'origine du pillage de certains pays par d'autres, principale cause des conflits dus aux relations économiques entre les pays. En réalité ces théories ne respectent pas l'éthique scientifique, ce que j'ai démontré en particulier dans mon ouvrage : *Méthodologies économiques et éthique scientifique*, écrit en collaboration avec Régis Rémond, (2006) ; Ed. L'Harmattan. Les théories de la troisième catégorie étaient jusqu'à présent incomplètes et, peut-être de ce fait, souvent influencées par des constats, elles ne sont donc pas parvenues à établir les règles du fonctionnement harmonieux de l'économie, alors que c'est précisément ce que je me suis attaché à faire, en partant de l'objectif de l'économie et en suivant une démarche rationnelle et c'est donc une nouvelle théorie économique que je propose.

L'objet de mes recherches est, depuis plus de trente ans maintenant, de démontrer que la science économique a, comme toute science, des principes ou lois. C'est donc par une démarche rationnelle, qui consiste à saisir les causes premières en envisageant les problèmes à leur plus haut degré de généralité, qu'il est possible d'établir les théories et les principes desquels sont déduites les règles dont l'application assure le fonctionnement harmonieux de l'économie, garantissant ainsi la réalisation *effective* de son objet. Ma démarche, qui se différencie de celle des auteurs des courants de pensée mercantiliste, physiocratique et néoclassique, et qui est proche, par certains côtés, de celle des classiques, me conduit à tenir aujourd'hui pour acquis que la science économique doit permettre la mise en œuvre d'un fonctionnement global de l'économie qui soit capable de réellement satisfaire de façon harmonieuse les besoins économiques des individus, contrairement à l'idée reçue communément admise que la pratique de l'économie dans ses déclinaisons opérationnelles et politiques est pour une large part arbitraire et hasardeuse.

Cette conviction, fondée sur une démarche rationnelle et rigoureusement scientifique, va tellement à contre-courant de la pensée dominante qui régit actuellement le fonctionnement national et international de l'économie que la théorie que je propose dans mes ouvrages pourrait s'apparenter à un changement de paradigme au sens où l'entend Kuhn. Cela dit, je reste cependant fermement attaché à la conviction selon laquelle une théorie scientifique est élaborée pour améliorer la compréhension que l'on peut avoir d'une discipline et doit en ce sens être une pierre apportée à l'édifice de la connaissance, qui n'y apportera sa juste contribution qu'à la condition de savoir se confronter à tout argument, réfutation ou théorie susceptible de parfaire cette compréhension.

Dans la construction d'une théorie économique, les pierres angulaires pour envisager un système global cohérent dans son ensemble sont celles de la théorie de la valeur, de la détermination de la cause ou des causes de la production et de la détermination de la valeur créée ou revenu. Elles constituent, en effet, les pivots indispensables à l'établissement d'une théorie économique rationnelle. Seule une véritable théorie de la valeur est susceptible d'expliquer les échanges dans l'équivalence. Seule la détermination de la cause ou des causes de la production permet de savoir qui a le droit légitime sur les produits. Seule la détermination de la valeur créée permet de savoir quelle est la quantité de monnaie qui monétise l'économie salariale, etc.

C'est Aristote, le premier, qui parle de la nécessité de l'équivalence dans les échanges. Ce sont les classiques qui déterminent naturellement le travail comme la cause de la valeur ou de la production, sans toutefois parvenir à déterminer monétairement la valeur créée. Ce sont J.M. Keynes et B. Schmitt qui déterminent monétairement la valeur créée dans une économie salariale. C'est B. Schmitt qui explique la réalisation du profit dans le cadre de l'équilibre monétaire. Toutefois, il ne suffit pas de déterminer ces quatre éléments pour que l'économie fonctionne harmonieusement, encore faut-il établir les principes de l'économie afin d'en déduire logiquement et rigoureusement les règles, dont l'application assure le fonctionnement normal de l'économie.

En fait, toute théorie économique qui ne repose pas sur une véritable théorie de la valeur est susceptible d'avancer des affirmations fausses et gratuites. Une telle théorie ouvre la voie à l'arbitraire où s'impose la loi du plus fort. Il en est ainsi de la théorie néoclassique qui est actuellement la théorie dominante. De fait, cette théorie se trouve dans l'impossibilité de distinguer la monnaie du revenu monétaire, donc de distinguer le pouvoir d'achat légitime du pouvoir d'achat illégitime. Elle prétend déterminer les prix, même dans une économie salariale, sans déterminer le revenu à la production, ce qui est un non-sens. Elle propose d'étudier le travail comme une marchandise, ce qui est une hérésie. Le travail n'est pas une marchandise et il ne peut pas être étudié comme telle. Elle fait croire qu'il existe plusieurs facteurs de production, confondant ainsi la cause de la production qui est le travail et les éléments techniques (capital, terre, etc.) nécessaires à la réalisation de la production, ouvrant ainsi la voie aux prélèvements indus. Elle fait croire que le chômage est dû au fait que le taux de salaire est trop élevé et cela parce qu'elle considère le travail comme une marchandise. En réalité, lorsque les néoclassiques disent que le taux des salaires est trop élevé, il faut entendre par là que, pour eux, la rémunération des propriétaires des moyens de production n'est pas assez élevée. C'est pourquoi on peut dire que cette affirmation des néoclassiques est fausse et qu'elle a un objectif partisan.

On entend dire parfois qu'il vaudrait mieux corriger la théorie néoclassique que la critiquer, car elle est dominante actuellement. La théorie néoclassique ne peut pas être corrigée, cela pour plusieurs raisons. 1° La théorie néoclassique n'a pas de véritable théorie de la valeur. Elle confond valeur et prix. Or, la théorie de la valeur constitue le fondement premier, le pivot, de toute analyse économique. Une théorie économique qui n'a pas de véritable théorie de la valeur est susceptible d'avancer des affirmations sans fondement rationnel ni réel et donc gratuites. Elle se trouve dans l'incapacité de distinguer vraies et fausses affirmations. 2° La théorie néoclassique, étant donné qu'elle confond valeur et prix, est amenée à tout déterminer, même dans une économie salariale, au moment de l'échange, ce qui est un non-sens. En voulant tout déterminer au moment de l'échange, les néoclassiques sont amenés à tout considérer, non seulement les produits mais aussi le travail, la monnaie, etc., comme des marchandises, ce qui est un autre non-sens. Dans une économie salariale, la confusion entre valeur et prix ouvre la voie à l'arbitraire. Par exemple, dans cette théorie, la quantité de monnaie qui monétise l'économie salariale est indéterminée. Cette indétermination ouvre la voie aux prélèvements illégitimes, sans que l'on puisse, en restant dans le cadre de la théorie néoclassique, les détecter ni donc les dénoncer. 3° La méthodologie choisie pour établir la théorie néoclassique est fondée sur des constats et hypothèses. Un exemple de constat : les néoclassiques constatent que, si l'on a de la monnaie, on peut exercer un pouvoir d'achat. Ce constat les amène à affirmer que la monnaie a un pouvoir d'achat. Nous verrons que cette affirmation est fausse. Un exemple d'hypothèse : les néoclassiques, pour déterminer la rémunération des facteurs, supposent que les facteurs de production sont substituables. Nous verrons que cette hypothèse est une fiction. Ces trois raisons, parmi d'autres, permettent de comprendre pourquoi toute tentative de corriger la théorie néoclassique est vouée à l'échec.

Dans mes ouvrages, j'ai démontré que les différentes sortes d'économies (certains disent les différents systèmes économiques) : l'esclavagisme, le mercantilisme, le féodalisme, le capitalisme, le socialisme, le communisme, etc. sont les conséquences de l'application de règles arbitraires par les dirigeants des différents systèmes politiques. De telles règles ont été établies ou influencées par la coutume, par des constats ou par certaines théories économiques partisanes et elle sont donc dénuées de tout fondement rationnel. L'application de telles règles ne permet pas d'assurer le fonctionnement harmonieux de l'économie et fait apparaître des gagnants et des perdants, ce qui est l'une des principales causes des conflits sociaux à l'intérieur des pays et des conflits entre les pays. Or, les différentes sortes d'économies n'apparaîtront plus lorsque seront appliquées les règles qui découlent logiquement des principes de l'économie établis par une théorie économique fondée rationnellement[1]. C'est l'application de ces règles qui assurera le fonctionnement harmonieux de l'économie, dont l'un des principaux indicateurs est, au niveau national, le fait que chacun obtienne une part du produit selon sa participation à la réalisation de la production et, au niveau international, le fait que les échanges se réalisent dans l'équivalence, dans ce cas n'apparaîtront plus ni pays gagnants ni pays perdants, mais des pays à égalité.

[1] Les principes de l'économie établis rationnellement sont immuables, ils sont vrais dans le temps et dans l'espace. En fait, ce qui change, ce sont les règles.

I. Le changement de méthodologie

Depuis que la théorie néoclassique est devenue dominante dans l'enseignement et la recherche, l'un des messages les plus difficiles à faire passer est la nécessité de changer de méthodologie pour établir les théories de la science économique. Les néoclassiques font croire que la méthode employée pour établir les théories de la science physique peut être utilisée pour établir les théories de la science économique. Dans mon ouvrage, *Méthodologies économiques et éthique scientifique*, j'explique pourquoi les physiciens ont besoin d'observations et d'hypothèses pour établir les théories de la science physique et pourquoi ils ont besoin des expériences pour valider leurs hypothèses, pour un temps, ou les infirmer et je démontre que les théories économiques fondées sur des observations permettent de tirer des conclusions hâtives qui n'ont aucun fondement rationnel. Un exemple : on constate que, si l'on détient de la monnaie, on peut exercer un pouvoir d'achat sur les produits. Ce constat amène certains auteurs à faire croire que la monnaie a un pouvoir d'achat et à vouloir déterminer le pouvoir d'achat de la monnaie à travers l'équation des échanges. Ces auteurs ne veulent pas savoir que, sans la production, la monnaie ne peut exercer aucun pouvoir d'achat. Ils ne veulent pas voir que seul le revenu, dont la production est la source, a un droit légitime sur les produits. La théorie quantitative, fondée sur l'équation des échanges, ne permet pas de distinguer le revenu monétaire de la monnaie, de ce fait, elle se trouve dans l'impossibilité de distinguer les achats légitimes des achats illégitimes. Je démontre que les théories fondées sur des observations et hypothèses permettent de légitimer les situations établies ou ont pour objectif de défendre et de justifier des intérêts partisans. Un exemple : on constate que le produit est partagé entre les travailleurs et les propriétaires des moyens de production. Ce constat a amené certains auteurs à émettre l'hypothèse selon laquelle il existe plusieurs facteurs de production, hypothèse qui permet de légitimer la part du produit appropriée par les propriétaires des moyens de production. En fait, en économie, lorsque l'on part d'un constat, on établit une théorie dont l'application permet de confirmer la théorie, le constat de départ. En outre, ces théories, du fait qu'elles n'ont pas de fondement rationnel, sont compatibles avec toutes sortes de règles arbitraires. Et c'est l'application de ces règles qui est à l'origine de la majorité des maux qui frappent actuellement les économies nationales et l'économie internationale.

Je démontre pourquoi il n'est nul besoin d'observations ni d'hypothèses pour établir les théories de la science économique. Je démontre que, en tant que science, l'économie a des principes ou lois et, en tant que science sociale, elle a besoin de règles pour régir son fonctionnement. Seul un raisonnement rationnel est apte à établir les théories de la science économique. Et seules ces théories basées sur un fondement rationnel sont aptes à établir les véritables principes ou lois de l'économie, d'où sont elles-mêmes déduites logiquement les règles du fonctionnement normal de l'économie. L'application de ces règles ne ferait apparaître ni gagnants ni perdants, ni dysfonctionnement.

II. Relation entre l'économie et la politique

Les hommes politiques sont depuis des siècles les responsables, directs ou non, des inégalités économiques et donc sociales. Depuis que les théories économiques sont apparues, ils sont les coresponsables directs, conscients ou inconscients, des inégalités économiques, des inégalités sociales, du dysfonctionnement de l'économie, des crises économiques et financières.

L'économie et la politique sont liées, cela essentiellement pour deux raisons. Dans un pays organisé, l'Etat est responsable du fonctionnement de l'économie. Aussi l'application des règles de fonctionnement de l'économie constitue-t-elle l'une de ses attributions. L'application de ces règles concerne le rôle de l'Etat dans le domaine de l'économie politique. L'Etat a également la possibilité de prendre des décisions dans les domaines économique et social, décisions susceptibles d'influencer favorablement l'évolution économique, de faire face au fléchissement de l'économie, à la récession, à la crise économique, à la crise financière, etc. et d'orienter les décisions concernant la protection sociale. Ces décisions et leur application concernent le rôle de l'Etat dans le domaine de la politique économique et de la politique sociale. Ainsi, dans le domaine de l'économie, les deux rôles de l'Etat concernent l'économie politique et la politique économique. L'Etat se doit d'assumer le premier de ces deux rôles, qui constitue l'une de ses attributions. La réussite ou l'échec du rôle de l'Etat dans ce domaine est subordonné au fait qu'il fait appliquer ou non les règles du fonctionnement normal de l'économie. Pour ce qui est du second rôle, il n'est pas moins important mais dans ce domaine les actions et les interventions de l'Etat sont influencées par l'école de pensée qui guide les actions économiques des dirigeants, par la dépendance ou l'indépendance des dirigeants vis-à-vis des lobbies, par la volonté des dirigeants, par l'ambition qu'ils ont pour leur pays et ses habitants. L'Etat se doit d'intervenir aussi dans le domaine économique lié au social, pour faire face, d'une part aux aléas de la vie, d'autre part aux circonstances ou situations économiques qui peuvent avoir des conséquences sociales préoccupantes.

III. L'économie au service de l'homme, dans le respect de tous ceux qui travaillent

L'objectif de l'économie est la satisfaction des besoins économiques des individus. La production permet de satisfaire ces besoins, elle est aussi la source du revenu et ce sont les travailleurs qui sont la cause de la production. C'est donc l'action des travailleurs qui permet d'atteindre l'objectif de l'économie, par conséquent leurs droits et leur dignité doivent être respectés.

L'industrialisation, les progrès techniques et les revendications des travailleurs ont permis de faire diminuer le temps de travail dans la plupart des pays industrialisés. En fait, l'industrialisation et les progrès techniques ont permis d'améliorer, parfois de façon considérable, la productivité du travail. En d'autres termes, avec le même nombre d'heures de travail, il est possible de produire beaucoup plus. On pensait qu'il était possible de passer d'une longue période où la majorité de la population vivait pour travailler à une période où l'on travaillerait pour vivre.

On aurait pu espérer que l'industrialisation et les progrès techniques faciliteraient la réalisation d'un certain bien-être économique pour tous et rendraient les conditions de travail de plus en plus favorables. Or, les perspectives ouvertes par ces évolutions, permettant ainsi de mettre l'économie au service des hommes, de tous ceux qui participent à la réalisation de l'objectif de l'économie, ont été contrariées, cela essentiellement pour deux raisons qui ont des origines communes et liées : l'application de règles arbitraires et la recherche d'une rentabilité maximale du capital financier. La combinaison de ces deux éléments a donné les résultats suivants : 1° L'accroissement de la production ne profite pas à tous selon la participation de chacun à la réalisation de la production. 2° La recherche d'un maximum de profit, essentiellement pour satisfaire les financiers des entreprises, et la concurrence, surtout inégale, de plus en plus élargie (la mondialisation dite de la production) ont fait apparaître des conditions de travail de plus en plus stressantes. 3° Le chômage et même la simple menace de chômage ont créé une situation de stress et d'aliénation pour les travailleurs. 4° L'économie salariale (due à l'industrialisation) et la financiarisation de l'économie ont aggravé de façon considérable les inégalités de revenus et donc les conflits sociaux d'origine économique. 5° Malgré l'important accroissement de la production, il existe toujours, même dans les pays industrialisés, des travailleurs pauvres, travailleurs qui ne parviennent pas à satisfaire leurs besoins économiques par le revenu de leur travail. Tout cela résulte de l'application de règles arbitraires.

En revanche, l'application des règles établies dans le cadre de la nouvelle théorie économique permettrait de mettre l'économie au service de l'homme, dans le respect de tous ceux qui travaillent. Elle permettrait aux travailleurs d'obtenir une part du produit selon la participation de chacun à la réalisation de la production. Elle écarterait la spoliation des travailleurs. En fait, il est temps d'abolir la spoliation des travailleurs (par les financiers) comme on a aboli l'esclavage. Elle permettrait de respecter la dignité des travailleurs. Elle permettait d'écarter la concurrence inégale, due à la mondialisation actuelle. Elle permettrait de réaliser les échanges dans l'équivalence. Elle permettrait d'écarter et donc d'abolir le pillage de certains pays par d'autres pays. Elle permettrait de mettre l'ensemble des pays à égalité. Elle permettrait d'écarter les causes économiques des conflits.

IV. L'évolution de la production ne doit pas mettre en danger les ressources naturelles, l'environnement et l'avenir du vivant

Les ressources naturelles non-renouvelables (minerais, gisements de pétrole, gisements de gaz, etc.) sont épuisables et les ressources naturelles renouvelables (eau, air, terre, forêts, etc.) sont dégradables, il faut donc les préserver. Or, le mode de production et de consommation en vigueur depuis plusieurs siècles, conséquence de l'industrialisation, combiné avec l'objectif quasi généralisé de la recherche d'un profit maximal immédiat et à tout prix met en danger l'avenir de ces ressources et, par conséquent, l'avenir du vivant. Ce mode de production et de consommation est indifférent au gaspillage des ressources naturelles. Il a engendré une société de consommation où, par exemple, les entrepreneurs et leurs financiers ont décidé de produire des biens dont la durée de vie est volontairement limitée.

Dans mon ouvrage intitulé *Le développement durable et équitable* (2008, Ed. l'Harmattan), je démontre que l'application des règles arbitraires établies dans le cadre de la théorie actuellement dominante constitue le principal frein à la réalisation d'une évolution économique durable et équitable. La théorie actuellement dominante fait croire que l'évolution du prix des ressources naturelles permet d'assurer un développement durable, ce qui est un non-sens. De même l'application des règles de la théorie néoclassique n'est pas compatible avec le développement équitable, car elle fait apparaître des gagnants et des perdants. Cette théorie doit donc être écartée. Mais une prise de conscience de la part de tous est également nécessaire afin d'écarter le gaspillage et la dégradation des ressources naturelles. Surtout doivent être prises et appliquées toutes les mesures susceptibles de préserver les ressources naturelles, mesures telles que, par exemple, les économies d'énergie, le recyclage, l'allongement de la durée de vie des produits, la production et l'utilisation de produits nécessitant moins d'énergie, etc. Pour atteindre ce but, nous devons tenir compte de la contrainte imposée par les limites des ressources naturelles et par la préservation de l'environnement. En tenant compte de ces contraintes, sans perdre de vue l'objectif de l'économie et en appliquant les règles du fonctionnement normal de l'économie, nous pourrons écarter la recherche du profit maximal à tout prix et immédiat, nous pourrons ainsi réaliser une production durable et nous pourrons aussi réaliser une économie équitable.

V. La financiarisation de l'économie

Les néoclassiques prétendent qu'à l'équilibre de leur système d'analyse le profit est nul. Par conséquent, ils sont obligés de fonder sur l'épargne la source du financement du capital. Le développement des marchés financiers, donc la financiarisation de l'économie est une conséquence de l'application de leur idée. Or, la financiarisation a rendu les économies dépendantes des financiers et des marchés financiers. Elle a mis les dirigeants politiques, économiques, monétaires et les entrepreneurs sous la tutelle des financiers et sous la pression des marchés financiers. Les crises financières, les délocalisations, les prélèvements indus, le pillage par la ruse de certains pays, les spéculations sur les monnaies, sur les marchés financiers, sur les marchés des matières premières et des produits alimentaires et leurs conséquences néfastes (misère, famines, etc.) sont inhérents à une économie mondiale financiarisée. Les financiers sont devenus les maîtres du monde. Il dictent la conduite économique et financière des dirigeants aux niveaux national et international.

La nouvelle théorie permet d'établir tout d'abord que l'épargne n'est pas une nécessité absolue pour financer les investissements. Elle permet de démontrer que le profit est maximal lorsque l'épargne prêtée aux entreprises est nulle, que, dans ce cas, les entreprises considérées dans leur ensemble deviennent indépendantes des financiers et du marché financier, qu'elles ne subissent plus les menaces de restriction de crédit ni les variations des taux d'intérêt et que, par conséquent, la Bourse n'est pas une nécessité. (Dans mon ouvrage intitulé : *La financiarisation : capital contre travail*, 2010, Ed. L'Harmattan, je démontre les conséquences néfastes de la financiarisation des économies nationales et de l'économie internationale et je propose des solutions.)

VI. Les organisations internationales n'assument pas actuellement leurs véritables rôles

Durant des siècles, la loi du plus fort s'est imposée au niveau international. Les dirigeants mégalomanes pouvaient, sous n'importe quel prétexte, déclencher des conflits, piller d'autres pays. Les pays les plus forts militairement dominaient les pays les moins forts, les colonisations en étaient un exemple. En réalité, les intérêts économiques se trouvaient et se trouvent être toujours, directement ou indirectement, à l'origine de la majorité des conflits entre les pays. L'avènement des organisations internationales permettait d'espérer la fin de ces conflits, en particulier des conflits d'origine économique. En effet, ces organisations ont en charge de favoriser les conditions de l'entente pacifique entre les pays afin de préserver la paix. Mais, jusqu'à présent cela n'a pas été le cas et les relations économiques, monétaires et financières entre les pays font apparaître des pays perdants, des pays gagnants, des pays dominés et des pays dominants. Ces situations sont sources de conflits et, comme je l'explique dans cet ouvrage, elles sont dues au fait que les règles qui régissent actuellement ces relations sont arbitraires, elles sont déduites de la théorie actuellement dominante et imposée, sous l'influence des financiers, par les organisations internationales telles que le FMI, l'OMC et la Banque Mondiale. En fait, ces organisations n'assument pas véritablement leurs rôles. L'espoir mis en elles renaîtra lorsque ces organisations feront appliquer les règles normales de l'économie (cf. chapitre V) En effet, l'application de ces règles ne fera apparaître ni pays perdants, ni pays gagnants, ni pays dominés, ni pays dominants. Elle fera donc disparaître les causes des conflits d'origine économique. Elle permettra de mettre tous les pays à égalité. Toutefois, pour que ces règles soient appliquées, les dirigeants de ces organisations doivent, d'une part connaître ces règles, d'autre part devenir indépendants de tous les pays et tous les lobbies.

Depuis plus de trente ans, nous constatons dans une grande partie des pays dits industrialisés le fléchissement de l'économie, l'aggravation de la situation de l'emploi, l'aggravation de l'insécurité, la dégradation des finances publiques, la dégradation de la balance commerciale, la crise de l'endettement des Etats, les crises financières, etc. Les dirigeants politiques, économiques et monétaires n'ont pas cherché ou n'ont pas voulu connaître les causes qui ont entraîné ces pays dans de telles situations. Pour faire face au fléchissement de l'économie, à l'aggravation de la situation de l'emploi et à la dégradation de leur balance commerciale, ils se sont attaqués aux cotisations sociales, au risque de démanteler la protection sociale, et au niveau des salaires, au risque d'aggraver les inégalités économiques et donc sociales. Ils se sont attaqués aux conditions de travail en imposant la flexibilité du travail, au risque de généraliser la précarité de l'emploi. Pour faire face à l'aggravation de l'insécurité, ils ont pris des mesures répressives. Pour faire face à la dégradation des finances publiques, ils ont diminué les dépenses publiques, au risque de diminuer ou de démanteler certains services rendus par l'Etat, tels que, par exemple, l'éducation et la formation, etc. Pour faire face à la crise de l'endettement des Etats, ils ont proposé l'intervention de la Banque Centrale de chaque pays, au risque d'augmenter les prélèvements illégitimes. Maintenant, pour faire face aux crises financières, ils proposent l'intervention des Banques Centrales et du FMI, au risque d'augmenter les prélèvements illégitimes et de préparer de nouvelles crises plus profondes.

Cet ouvrage permet de constater que ces dirigeants et leurs conseillers soit sont incompétents, soit défendent les intérêts de certaines catégories, soit sont au service des financiers qui sont devenus les maîtres du monde, soit cumulent une combinaison de deux ou de plusieurs de ces défauts ; ils sont donc les responsables directs ou indirects de ces situations. Cet ouvrage démontre que de tels dirigeants ne sont pas au service de leur pays ni de l'ensemble de la population de leur pays mais au service de leurs maîtres. Un exemple : depuis plus de trente ans la situation de l'emploi s'aggrave dans la plupart des pays industrialisés, les dirigeants de ces pays ont passé sous silence les délocalisations, qui sont la principale cause de cette aggravation et qui ne profitent qu'aux financiers, ils ont passé sous silence la souffrance de ceux qui se trouvent ou qui tombent dans la précarité et qui ne sont pas responsables de leur sort, ils n'ont fait qu'imposer des mesures qui ont aggravé la situation des précaires. Or, durant la même période, à chaque crise financière, ils ont su se mobiliser en masse pour sauver les placements des financiers qui sont pourtant les responsables de ces crises.

Je présente ici une synthèse des résultats de mes recherches publiés dans mes divers ouvrages. J'établis les causes de l'ensemble de ces situations et de ces maux qui frappent les économies nationales et l'économie internationale. Je démontre que ces situations et ces maux ne sont pas des fatalités, qu'il existe des solutions, mais que ce qui manque, c'est une véritable volonté politique pour les appliquer. Je reste néanmoins persuadé qu'il faudra bien un jour y arriver et le plus tôt sera le mieux.

Dans les quatre premiers chapitre, j'établis l'état des lieux des théories économiques, dans le cinquième je présente la nouvelle théorie économique, mise au point dans mes précédents ouvrages.

Chapitre I

Les théories économiques face aux problèmes économiques

I. Introduction

Pour être en mesure de proposer des solutions aux problèmes économiques, il faut en connaître les véritables causes. Nous verrons que jusqu'à présent les théories économiques soit ne déterminent pas les véritables causes des problèmes économiques et, de ce fait, il n'est pas étonnant que leurs propositions ne permettent pas de les résoudre, soit déterminent les causes de certains problèmes, mais l'application de certaines de leurs propositions, prétendant les résoudre, engendre des conséquences néfastes.

Dans ce chapitre nous nous intéresserons donc aux causes des problèmes économiques et aux solutions que proposent les théories néoclassique et keynésienne pour résoudre les problèmes tels que, par exemple, le chômage, l'aggravation de la situation de l'emploi, l'inflation, les inégalités de revenus, la pauvreté relative ou absolue des travailleurs, les crises de la dette des Etats, les crises financières, le pillage de certains pays, le sous-développement, etc. Nous avons choisi d'étudier les solutions proposées par les auteurs de ces deux courants de pensée, parce que ce sont essentiellement les propositions de ces deux théories qui sont actuellement appliquées. Or, nous verrons que la théorie néoclassique n'a pas de fondement rationnel et que, de ce fait, elle n'est pas apte à déterminer les véritables causes de ces problèmes, par conséquent, les propositions des auteurs de ce courant de pensée sont arbitraires, donc non seulement leur application ne permet pas de résoudre les problèmes soulevés, mais elle est susceptible de les aggraver. Quant à la théorie keynésienne, elle a, en partie, des fondements rationnels. Toutefois, d'une part elle est incomplète, d'autre part elle est influencée, sur certains points, par la théorie néoclassique et par des constats, enfin elle ne repose pas sur les règles capables d'assurer le fonctionnement normal de l'économie. C'est pourquoi l'application de certaines des propositions keynésiennes ont, elles aussi, des conséquences néfastes.

II. Le problème de l'emploi et du chômage

Les conséquences du chômage et de l'aggravation de la situation de l'emploi sont multiples : 1° gaspillage d'une partie des ressources productives ; 2° démoralisation et aliénation des travailleurs ; 3° désocialisation des chômeurs de longue durée ; 4° augmentation de la délinquance ; 5° aggravation de l'insécurité ; 6° baisse des recettes fiscales de l'Etat pour le même taux d'imposition, ce qui peut faire apparaître ou aggraver l'endettement de l'Etat et affecte les services rendus par les organismes de l'Etat et organismes assimilés ; 7° baisse des entrées des cotisations sociales pour le même taux de cotisation, ce qui peut mettre en danger l'avenir de la protection sociale ; 8° augmentation des dépenses sociales de l'Etat ; etc. Face à cette situation critique les responsables politiques et économiques doivent prendre les mesures dont l'application permettrait d'améliorer la situation de l'emploi, voire de réaliser le plein-emploi.

Mais pour améliorer la situation de l'emploi, il faut d'abord pouvoir établir quelles sont les causes du chômage et de son aggravation et proposer des remèdes. Toutefois, le résultat de l'application des remèdes proposés par chaque courant de pensée est subordonné au fait que les causes du chômage et de son aggravation établies par chaque courant ont ou n'ont pas de fondements rationnels.

Dans une première sous-section, nous verrons que la théorie néoclassique ne détermine pas la véritable cause du chômage et nous étudierons ensuite les conséquences néfastes de l'application des propositions avancées par les néoclassiques et néolibéraux pour établir ou rétablir le plein-emploi. En fait, nous verrons que la théorie néoclassique, n'ayant pas de fondement rationnel, ouvre la voie à toutes sortes de propositions arbitraires. Dans une deuxième sous-section, nous verrons que la théorie keynésienne détermine bien la véritable cause du chômage, mais qu'elle passe sous silence les véritables causes de l'aggravation de la situation de l'emploi, de ce fait, certaines de ses propositions ne sont pas aptes à rétablir le plein-emploi et leur application peut même engendrer des conséquences néfastes.

II.1. Les néoclassiques et les néolibéraux sont dans l'impossibilité de proposer des remèdes susceptibles d'améliorer la situation de l'emploi et l'application de leurs propositions a des conséquences sociales désastreuses

Depuis plusieurs décennies, la théorie néoclassique est devenue la théorie dominante. Aussi les dirigeants politiques et économiques, dans leur grande majorité, leurs conseillers et les néolibéraux sont-ils formés dans le cadre de cette théorie. Ils appliquent donc les propositions des auteurs de ces courants de pensée. Or, les mesures ou "recettes" proposées par les néoclassiques et par les néolibéraux pour réaliser le plein-emploi ont mis sur de fausses pistes la plupart des gouvernements des pays dits industrialisés. C'est pourquoi, au lieu de s'attaquer aux causes qui ont fait passer ces pays d'une situation de plein-emploi (voire de suremploi) à une situation de sous-emploi, ils se sont attaqués aux conditions de travail (en proposant toutes sortes de flexibilités), ils ont prôné le contrôle des rémunérations afin de limiter leur évolution, l'exonération d'une partie des cotisations sociales afin de faire baisser le coût salarial, prenant ainsi le risque, volontaire ou involontaire, de mettre en danger l'avenir de la protection sociale.

Cette façon de s'attaquer au problème du chômage trouve son origine dans l'application de la théorie néoclassique. Cette théorie considère le travail comme une marchandise. Par conséquent, elle fait croire que le marché, par le jeu de l'offre et de la demande, permet d'établir l'équilibre de plein-emploi. Autrement dit, le travail étant considéré comme une marchandise, c'est le fonctionnement libre et concurrentiel du marché de l'emploi qui permet de déterminer le prix d'équilibre du travail, ce que les néoclassiques appellent l'équilibre de plein-emploi. Ainsi, si l'on suit leur raisonnement, il suffit de baisser les salaires jusqu'à ce que le plein-emploi se réalise. Pour ces auteurs, l'existence du chômage est due au fait que certains travailleurs n'acceptent pas la diminution de leur salaire. Les chômeurs sont donc responsables de leur situation, c'est pourquoi, dans cette optique, les néoclassiques considèrent que le chômage est volontaire.

La théorie néoclassique fait croire que la demande de travail, comme celle de toute marchandise, est en rapport avec son prix. Ainsi, pour les néoclassiques, lorsque le prix du travail augmente, sa demande baisse et lorsque le prix du travail baisse, sa demande augmente. Toutefois, pour que les variations de la quantité de travail demandée par les entrepreneurs puissent s'ajuster aux variations des prix du travail, les néoclassiques sont amenés à supposer que les facteurs de production sont substituables. Cette hypothèse joue un rôle prépondérant dans la théorie néoclassique de l'emploi, du chômage et de la détermination de la répartition. Elle signifie qu'il est possible d'employer, sur une quantité fixe d'un facteur, n'importe quelle quantité d'un autre facteur considéré comme variable. Or, l'application des propositions des néoclassiques et néolibéraux (le contrôle des rémunérations, les exonérations des cotisations sociales, les diverses sortes de flexibilités du travail et leur combinaison) n'ont pas permis d'améliorer la situation de l'emploi dans les pays industrialisés. En fait, les affirmations et hypothèses qui fondent la théorie néoclassique de l'emploi et du chômage n'ont de fondement ni rationnel ni réel. Justifions cette assertion en plusieurs points.

1° L'affirmation selon laquelle le travail peut être considéré comme une marchandise n'a pas de fondement rationnel dans une société libre où l'esclavage est interdit. En effet, le travail n'est pas une marchandise et il ne peut pas être étudié comme telle. En outre, la rémunération du travail n'est pas un achat, elle signifie la formation du revenu, dont la dépense permet d'écouler le produit réalisé par les travailleurs. En rémunérant les travailleurs, les entrepreneurs ne s'approprient ni le travail ni le produit du travail, ni le service du travail. Dans une économie artisanale, les artisans obtiennent leur produit à la production et l'échangent sur le marché, directement ou indirectement, par l'intermédiaire de la monnaie. Dans une économie salariale, les salariés n'obtiennent pas leur produit à la production, ils obtiennent une rémunération monétaire qui représente leur droit légitime sur les produits. Or, ce raisonnement est étranger à l'analyse néoclassique, car les néoclassiques prétendent déterminer le revenu réel au moment de l'échange, sans avoir déterminé le revenu monétaire des salariés dès la production, ce qui est une faute grave, un non-sens, dans une économie salariale. Et cela constitue la limite absolue de l'analyse néoclassique dans ce domaine. En effet, par définition, dans une économie salariale le revenu monétaire des salariés est déterminé à la production.

2° Les néoclassiques ne peuvent pas affirmer, sans tomber dans une contradiction, d'une part qu'à l'équilibre de leur système d'analyse tous les prix, dont celui du travail, sont déterminés au moment de l'échange, d'autre part qu'il faut baisser les cotisations sociales, payées par les entreprises dès la production, afin de faire baisser le coût salarial. En fait, ils voient bien que les cotisations sociales représentent une partie du revenu des travailleurs déterminé à la production et non au moment des échanges. En réalité, la baisse ou l'exonération des cotisations sociales est une façon déguisée de diminuer les rémunérations monétaires des travailleurs. Mais elle a surtout un objectif partisan, elle favorise le démantèlement de la protection sociale, ce qui est souhaité par les néolibéraux.

3° Dans une économie salariale et dans une économie fermée, ce n'est pas le niveau du taux de salaire (dans le langage des néoclassiques, le prix du travail) qui incite les entrepreneurs à embaucher un nombre plus ou moins important de travailleurs, cela pour deux raisons essentiellement. D'une part, les entrepreneurs font appel à de la main-d'œuvre s'ils en ont besoin. D'autre part, quel que soit le niveau des rémunérations des travailleurs, cette rémunération représente la valeur monétaire du produit ou la valeur de l'offre globale qui constitue la source de la demande globale. Autrement dit, les entreprises considérées dans leur ensemble, par la vente de leurs produits, récupèrent le montant des rémunérations qu'elles ont distribuées. Dans une économie ouverte, le problème du niveau des rémunérations dans différents pays est un problème de taux de change. En fait, lorsque les taux de change sont établis dans le respect de la parité des pouvoirs d'achat, la main-d'œuvre n'apparaît ni plus chère ni moins chère dans un pays que dans d'autres (cf. chapitre II, section V).

4° L'hypothèse utilisée par les marginalistes néoclassiques, hypothèse selon laquelle les facteurs de production sont substituables, a essentiellement deux objectifs. D'une part elle permet aux auteurs de cette école de pensée de présenter mathématiquement la détermination néoclassique de la rémunération des facteurs de production, d'autre part elle permet de faire croire qu'il est possible d'employer sur une quantité fixe d'un facteur n'importe quelle quantité d'un autre facteur considéré comme variable. Cette hypothèse signifie, par exemple, qu'un camion (facteur fixe) peut être conduit par plusieurs conducteurs (facteur variable) à la fois, ou qu'un conducteur peut conduire plusieurs camions à la fois. Or, il n'échappe à aucun esprit sain que cette hypothèse n'est que pure fiction. En fait, chaque technique de production détermine le nombre de travailleurs qui peuvent être employés sur la quantité de capital existant. Ainsi, dans ce cas, la technique de production impose qu'un camion ne puisse être conduit que par un conducteur à la fois. Pour employer plus de conducteurs, il faut qu'il y ait davantage de camions. (Pour plus de précisions sur les limites de cette hypothèse, cf. section V.) Cette hypothèse constitue l'élément central de la théorie néoclassique de l'emploi-chômage, mais comme cette hypothèse n'a pas de fondement rationnel, la théorie néoclassique de l'emploi-chômage n' en a pas non plus, elle n'a ni fondement rationnel ni fondement réel.

5° La théorie néoclassique n'a pas de fondement rationnel, de ce fait, elle est compatible avec toutes sortes de propositions arbitraires. Il en est ainsi de la proposition qui établit une relation entre l'emploi et la flexibilité du travail. Or, les auteurs de cette école de pensée ne veulent pas voir, ne veulent pas savoir, que la flexibilité du travail n'est pas créatrice d'emplois. Autrement dit, ils ne voient pas que ce n'est pas en rendant le travail flexible qu'on crée des emplois. En fait, durant toute la période où les pays industrialisés jouissaient du plein-emploi, on ne s'intéressait pas à la flexibilité du travail, on n'en parlait même pas.

6° La persistance du chômage et son aggravation depuis des décennies ont amené les auteurs de l'école de pensée néoclassique à désigner deux éléments qui, d'après eux, empêchent la réalisation du plein-emploi dans les pays industrialisés : le fonctionnement du marché du travail et l'action des syndicats.

a) Selon les néoclassiques et les néolibéraux, le chômage persiste car le marché du travail ne fonctionne pas bien. Autrement dit, il n'y a pas assez de flexibilité sur ce marché. Pour ces auteurs, les contrats à durée indéterminée (CDI) doivent représenter des exceptions et, pour rendre le marché du travail flexible (c'est-à-dire, selon les néoclassiques, pour créer les conditions de la réalisation du plein-emploi), ils proposent de généraliser les contrats à durée déterminée (CDD), le temps partiel, les licenciements à la carte, etc. Un constat : on a appliqué toutes ces mesures sans résultat, et nous verrons pourquoi l'application de ces mesures ne permet en rien de résoudre le problème du chômage.

b) Toujours selon les néoclassiques et les néolibéraux, les syndicats qui n'acceptent pas la baisse des salaires sont responsables du chômage. Ils proposent donc que les syndicats n'interviennent pas dans la détermination des salaires. Ces propositions des auteurs de la théorie dominante découlent du fait que cette théorie considère le travail comme une marchandise et donc la rémunération du travail comme un achat. Or, rien de tout cela n'est juste, le travail n'est pas une marchandise, la rémunération du travail n'est pas un achat, elle représente la formation du revenu dont la dépense permet d'acheter les produits. Rappelons que le seul système dans lequel le travail peut être acheté est le système esclavagiste.

En fait, toutes ces affirmations des néoclassiques sont fausses. La meilleure preuve : dans la plupart des pays en développement, il n'existe pas de véritable réglementation du travail et les syndicats, lorsqu'ils existent, ne jouent pas un rôle important en faveur des travailleurs, et pourtant c'est dans ces pays que le taux de chômage est le plus élevé.

En réalité, les auteurs néoclassiques et néolibéraux ne posent pas les questions essentielles, à savoir : par exemple, la France pourrait-elle réaliser le plein-emploi si le marché du travail était flexible et si les syndicats n'intervenaient pas ? la France pourrait-elle offrir trois millions d'emplois actuellement en rendant plus flexible le marché du travail ? Chacun sait bien que la réponse est non.

Posons la question autrement. Est-ce que ce sont la détermination des salaires et la flexibilité du marché du travail qui créent des emplois ? Est-ce que ce sont les réglementations et les négociations qui créent des emplois ? La réponse est non. Les entrepreneurs embauchent s'ils ont besoin de travailleurs, ils n'embauchent pas s'ils n'en ont pas besoin. Un entrepreneur de transport qui a dix camions et qui, d'une part respecte la durée de travail de 8 heures par jour, d'autre part fait rouler ses camions vingt-quatre heures sur vingt-quatre, n'embauchera que trente conducteurs, cela quel que soit le niveau des rémunérations. En fait, s'il embauche moins de trente conducteurs, une partie de son capital (camions) reste oisive et s'il embauche plus de tente conducteurs, certains travailleurs seront oisifs. Dans les années 1950-1970, la plupart des pays industrialisés jouissaient du plein-emploi, voire du suremploi, alors que le marché de l'emploi était moins flexible qu'actuellement et les syndicats plus forts. Mais les auteurs néoclassiques et néolibéraux ne se posent pas la question de savoir pourquoi les pays industrialisés sont passés d'une situation de plein-emploi, voire de suremploi, à une situation de sous-emploi. En réalité, la théorie néoclassique qui guide le raisonnement de ces auteurs ne leur permet pas de répondre à cette question de façon rationnelle.

Toutefois, il est intéressant de connaître la véritable signification ou plus exactement l'arrière-pensée de la théorie des néoclassiques concernant l'emploi-chômage. Dans cette théorie, la rémunération du travail et la rémunération du capital sont complémentaires, ce qui signifie que, toujours selon cette théorie, quand la rémunération du travail augmente, la rémunération du capital diminue et inversement. (Les néoclassiques prétendent déterminer la rémunération des facteurs selon la productivité marginale de chaque facteur).

Précisons que, à l'équilibre du système néoclassique, le profit est nul, cela résulte du fait que dans la théorie néoclassique tout le produit est partagé entre la rémunération du travail et la rémunération du capital. Un exemple placé dans le cadre de cette théorie permet de constater le sens de cette affirmation des néoclassiques. Supposons que la production d'un pays soit égale à 100 UP (unités de produit). Si la somme de la rémunération du travail est de 80 UP, la somme de la rémunération du capital sera de 20 UP. Si la somme de la rémunération du travail est de 20 UP, la somme de la rémunération du capital sera de 80 UP. En affirmant qu'il existe plusieurs facteurs de production et que le profit est nul à l'équilibre de leur système (c'est-à-dire lorsque le marché fonctionne selon les exigences de leur théorie) les néoclassiques ont un double objectif : d'une part légitimer la rémunération du capital, d'autre part faire croire que la rémunération du capital n'est pas prélevée sur le revenu des travailleurs. Or, cette affirmation des néoclassiques est fausse, car le montant attribué aux actionnaires est prélevé sur le profit, qui représente une partie du revenu des travailleurs captée par les entreprises.

Il apparaît clairement que, lorsque ces auteurs disent que la rémunération du travail est trop élevée, il faut entendre que la rémunération du capital n'est pas assez élevée. Par conséquent, ce n'est pas le problème de l'emploi, mais le problème de la rémunération du capital qui préoccupe ces auteurs.

Cette théorie non seulement ne détermine pas la véritable cause du chômage, mais en outre elle est partisane puisqu'elle défend les intérêts d'une catégorie, les propriétaires du capital, au détriment des intérêts des travailleurs. Or une théorie partisane ne peut pas être scientifique.

Il est important de préciser que l'analyse néoclassique ne détermine pas, dans une économie salariale, le revenu monétaire à la production. De ce fait, elle ne détermine pas la quantité de monnaie qui serait nécessaire et suffisante pour monétiser l'économie salariale et cette indétermination marque la limite absolue de la théorie néoclassique dans ce domaine. Toutefois, elle ouvre la voie à l'arbitraire, dont les prélèvements illégitimes sur le pouvoir d'achat réel des travailleurs constituent l'une des conséquences néfastes. En fait, une théorie qui ne détermine pas, dès la production, la quantité de monnaie nécessaire et suffisante pour monétiser l'économie salariale se trouve dans l'impossibilité de distinguer les achats légitimes des achats illégitimes. (Pour plus de précision, cf. section VII.)

Remarquons qu'une grande majorité des hommes politiques et de leurs conseillers sont formés ou influencés actuellement par cette théorie mensongère et partisane. Il n'est donc pas étonnant qu'ils ne parviennent pas à proposer des remèdes et mesures dont l'application permettrait d'améliorer la situation de l'emploi. Cet échec est dû au fait que la théorie qui guide leurs actions ne détermine pas les véritables causes du chômage. En réalité, une grande partie des hommes politiques ne se posent même pas la question ou ne veulent pas savoir si cette théorie est mensongère et partisane. Ils se contentent d'appliquer les propositions des néoclassiques et néolibéraux pour faire face au problème du chômage. Ils pensent, par exemple, que la flexibilité du marché du travail est créatrice d'emplois et qu'elle permet donc de résoudre le problème du chômage, ce qui est un non-sens. Or, si la flexibilité du marché du travail ne résout en rien le problème de l'emploi, en revanche elle fragilise la situation des travailleurs qui ont un emploi. Ainsi, par exemple, dans le cas de l'application de la flexibilité représentée par les CDD, un chômeur remplace un travailleur actif qui devient chômeur, et ce processus peut continuer, sans que soit améliorée la situation de l'emploi.

II.2. Les conséquences néfastes de certaines politiques keynésiennes de la relance face à la dégradation de la situation de l'emploi

A l'instar des classiques, dans une économie salariale Keynes établit, avec raison, une relation entre le niveau des investissements et le niveau de l'emploi, pour une technologie donnée. Selon cette relation, le chômage est dû à une insuffisance des investissements. Autrement dit, pour améliorer la situation de l'emploi (sans changer la durée de travail), il faut réaliser des investissements additionnels. Ainsi, pour résoudre le problème du chômage, nous devons répondre, au préalable, aux deux questions suivantes : premièrement, en dernière analyse, quelle est la source du financement des investissements ? deuxièmement, quelle est la limite de la quantité d'investissements que l'économie d'un pays permet de réaliser dans une période donnée ?

L'analyse keynésienne concernant ces deux questions n'est pas très claire, cela pour plusieurs raisons. D'une part, en partant du constat de ce qui se passe, Keynes est amené à dire qu'il existe deux sources de financement des investissements : le profit des entreprises et l'épargne des ménages. Mais il ne parvient pas à expliquer le profit dans le cadre de l'équilibre monétaire, ce qui représente une insuffisance de son analyse, insuffisance dont les conséquences sur la suite de cette analyse dans ce domaine ne sont pas négligeables. D'autre part, il établit une relation d'égalité entre l'épargne et l'investissement, ce qui signifie que l'épargne est la source du financement des investissements et qu'elle est donc indispensable dans une économie d'évolution. Or, cette affirmation n'a pas de fondement rationnel, cela essentiellement pour trois raisons. 1° L'épargne prêtée aux entreprises est susceptible d'être remboursée. 2° Etant donné que Keynes considère, avec raison, que le travail est la cause de la production, c'est dans leur profit que les entrepreneurs doivent puiser le montant destiné à payer les intérêts de leurs emprunts. Pour que les entreprises puissent payer des intérêts et rembourser leurs emprunts, elles doivent réaliser des profits, ce qui signifie qu'en dernière analyse c'est le profit qui finance les investissements. Toutefois, nous venons de le dire, Keynes ne parvient pas à expliquer le profit dans le cadre de l'équilibre monétaire. 3° L'affirmation selon laquelle l'épargne est nécessaire pour financer les investissements ouvre la voie aux prélèvements indus, lorsque, d'une part le taux d'intérêt des emprunts dépasse le taux d'inflation-hausse des prix, d'autre part les entreprises versent des dividendes aux actionnaires.

Enfin, l'analyse keynésienne fait croire que, pour améliorer la situation de l'emploi, il est possible d'augmenter les investissements par des politiques monétaires de relance économique. Or, cette affirmation des keynésiens a deux limites. Premièrement, les politiques monétaires de relance, en elles-mêmes, n'ont pas d'effet sur le niveau des investissements, car ce niveau est déterminé par la quantité de produits d'investissement réalisée dans chaque pays. En outre, une injection de monnaie effectuée directement sur le marché des produits constitue une cause de prélèvements illégitimes. Ces prélèvements ont des conséquences néfastes sur le pouvoir d'achat réel des travailleurs proportionnellement à la quantité de monnaie ainsi injectée, aggravant les inégalités économiques et donc les inégalités sociales. Deuxièmement, les politiques de relance keynésiennes ne s'attaquent pas à la racine des maux qui sont à l'origine de l'aggravation de la situation de l'emploi. En fait, l'analyse keynésienne permet de dire, avec raison, que le chômage est dû à une insuffisance des investissements. En revanche, elle ne détermine pas les causes qui ont fait passer certains pays d'une situation de plein-emploi, voire de suremploi, à une situation de sous-emploi.

Seule une analyse rationnelle permet de déterminer les deux causes principales de l'aggravation de la situation de l'emploi dans les pays dits industrialisés : l'utilisation du profit en tant que monnaie (Cf. chapitre V, sections II) et les délocalisations (Cf. section XI de ce chapitre)

III. Le problème des inégalités de revenus, l'une des principales causes des inégalités sociales

Les inégalités de revenus constituent l'une des principales causes des inégalités sociales et des conflits d'origine économique à l'intérieur des pays. Or, la théorie économique actuellement dominante ne détermine pas le revenu à la production dans une économie salariale. De ce fait, elle se trouve dans l'impossibilité de distinguer le revenu légitime des prélèvements indus et illégitimes. Elle se trouve donc dans l'impossibilité de déterminer les causes des inégalités de revenus. Par conséquent, elle se trouve dans l'impossibilité de proposer des remèdes afin d'écarter les causes de ces inégalités de revenus et des conflits d'origine économique. En réalité, les néoclassiques pensent que les écarts de revenus sont normaux donc justifiés, car ils font croire que c'est le marché qui détermine les revenus et donc la valeur sociale des individus. Aussi, actuellement, étant donné que les politiques et leurs conseillers (quelle que soit leur tendance, de droite comme de gauche) sont formés dans le cadre de la théorie néoclassique, ils ne peuvent proposer aucun remède susceptible d'écarter les causes des inégalités de revenus. En effet, la droite dure, les néolibéraux, farouches partisans du marché libre (sans règles ou avec des règles arbitraires) revendiquent et défendent ces inégalités. La gauche constate ces inégalités, mais sans pouvoir y remédier, elle ne peut proposer qu'une politique de redistribution. Elle ne s'attaque donc pas aux causes qui engendrent ces inégalités. Or, les travailleurs ne souhaitent pas recevoir d'aides financières, par exemple, à travers la redistribution, ils veulent pouvoir vivre du revenu de leur travail.

L'influence de la théorie néoclassique et la méconnaissance des causes des inégalités de revenus à l'intérieur d'un pays ont amené certains auteurs à calculer l'évolution des écarts de revenus entre les pays. Ainsi ces auteurs ont pu calculer les écarts ou plus exactement les inégalités de revenus en divisant le revenu moyen des 10% les plus riches par le revenu moyen des 10% les plus pauvres. Ils obtiennent un chiffre qui représente l'écart de revenus entre les plus riches et les plus pauvres, dans chaque pays. Ensuite, la comparaison de cet écart dans les différents pays leur permet d'établir un classement basé sur trois situations : dans un pays, cet écart est au même niveau, plus élevé ou inférieur par rapport à celui que l'on constate dans d'autres pays qui ont un niveau de vie similaire et ce classement les amène à en déduire que tel ou tel pays se trouve parmi les plus égalitaires ou les plus inégalitaires. Or, cette façon d'établir les inégalités de revenus appelle plusieurs remarques. 1° Le jugement déduit de ce classement est arbitraire. En effet, supposons, par exemple, que dans la période T1, parmi les pays les plus égalitaires, l'écart ainsi calculé soit de 1 à 10, supposons maintenant que dans la période T2, parmi ces pays, l'écart ainsi calculé passe de 1 à 30. Ces auteurs se contentent (sont contraints) de dire que ces pays se trouvent toujours parmi les moins inégalitaires. 2° Il est important de préciser qu'il existe aussi un écart important à l'intérieur de chaque classe des 10% les plus riches et des 10% les plus pauvres. En d'autres termes, ce classement aurait une signification plus criante si ces auteurs prenaient le revenu moyen du 1% de la population la plus riche et le revenu moyen du 1% de la population la plus pauvre. Plus on réduit ce pourcentage, plus on constate que l'écart se creuse entre les revenus les plus bas et les revenus les plus hauts. 3° En fait, ces auteurs passent sous silence le problème majeur qui est de savoir si les titulaires de revenu, dans chaque pays, ont obtenu ce revenu de façon légitime, indue ou illégitime.

Une étude rationnelle qui s'intéresse véritablement aux inégalités des revenus à l'intérieur d'un pays cherche à déterminer leurs causes. A cette fin, elle doit procéder en deux temps. Elle doit partir de la production, qui est la source du revenu. Elle doit ensuite déterminer rationnellement la cause de la production. Il est ainsi possible de savoir comment est obtenu le revenu légitime, ce qui permet de le distinguer des revenus indus et illégitimes, que l'on peut alors dénoncer afin de les écarter.

Or, la théorie néoclassique se trouve dans l'impossibilité de déterminer les prélèvements indus et illégitimes qui sont responsables de la spoliation des travailleurs, des inégalités de revenus et donc des inégalités sociales. Elle tente même de légitimer les prélèvements indus en supposant qu'il existe plusieurs facteurs de production. Elle prétend déterminer le revenu des facteurs sur le marché au moment de l'échange, ce qui est une fiction. D'ailleurs, le marché ne peut pas distinguer la dépense du revenu de la dépense de la monnaie qui se trouve être à l'origine des prélèvements illégitimes. Enfin, l'absence d'une véritable théorie de la valeur dans l'analyse néoclassique (qui confond valeur et prix) ouvre la voie à toutes sortes de règles arbitraires, ce qui favorise les plus malins, les corrompus, les corrupteurs, les sans foi ni loi, au détriment de ceux qui obtiennent un revenu grâce à leur participation à la réalisation de la production.

IV. Le problème de la source du financement des investissements

Le profit n'est pas compatible avec l'équilibre tel qu'il est déterminé par la théorie néoclassique[2]. Cette incompatibilité oblige les auteurs de cette école de pensée à affirmer que l'épargne des particuliers est la source du financement du capital. La théorie néoclassique est actuellement la théorie dominante, elle influence donc les dirigeants économiques et politiques qui prennent des décisions en faveur de l'épargne

---

[2] L'équilibre néoclassique est réalisé lorsque l'ensemble des prix est déterminé sur le marché. Cette façon de déterminer l'équilibre est une tautologie, car sur le marché les prix sont déterminés dès lors qu'acheteurs et vendeurs se mettent d'accord sur les prix et les quantités échangées. Or, l'équilibre ainsi défini ne permet pas de distinguer la dépense du revenu de la dépense de la monnaie sur le marché des produits.

afin, pensent-ils, de faciliter et de favoriser le financement du capital.

Une théorie qui fait croire que l'épargne des particuliers constitue la source du financement du capital fait croire que, lorsque l'épargne est nulle, l'investissement est nul, elle fait croire que, lorsque l'épargne augmente, les investissements augmentent, elle fait croire que, plus il y a d'épargne, plus il y a d'investissement. Or, toutes ces affirmations sont fausses, cela pour plusieurs raisons. 1° Ce n'est pas l'épargne des particuliers, mais, en dernière analyse, c'est le profit qui est la source du financement du capital. La meilleure preuve : c'est le profit des entreprises qui leur permet de payer des dividendes, de payer les intérêts de leurs emprunts et de rembourser leurs emprunts. Par conséquent, l'épargne doit être considérée comme un profit avancé, puisqu'elle est susceptible d'être remboursée. 2° Il n'est pas vrai que, lorsque l'épargne augmente, les investissements augmentent. En réalité, lorsque l'épargne augmente, le profit des entreprises diminue proportionnellement à l'épargne qui leur est prêtée. Autrement dit, au fur et à mesure que l'épargne destinée aux entreprises augmente, leur profit diminue, c'est ainsi que les entreprises deviennent de plus en plus dépendantes des marchés financiers, ce qui est le cas actuellement. 3° Il n'est pas vrai que, plus il y a d'épargne, plus il y a d'investissement. En fait, à chaque période, la quantité de produits d'investissement est déterminée et donc limitée par la production de ces produits réalisés dans chaque pays et dans chaque période considérée. Par exemple, si un pays produit 100 UPi (unités de produits d'investissement), le niveau d'investissement y est limité à 100 UPi, dans la période considérée. En outre, la production des produits du secteur d'investissement fait apparaître un revenu nécessaire et suffisant pour écouler les biens capitaux. Lorsque l'épargne des particuliers destinée aux entreprises est nulle, le profit est maximum. Dans ce cas, les entreprises considérées dans leur ensemble ont la possibilité de financer, sans recours à l'épargne des particuliers, l'achat de la totalité des produits d'investissement réalisés dans leur pays.

En fait, l'affirmation selon laquelle l'épargne des particuliers est la source du financement du capital n'a pas de fondement rationnel. Mais les auteurs qui avancent cette affirmation ont un objectif partisan qui est d'ouvrir la voie à la justification et à la légitimation de la rémunération des épargnants : si l'épargne est la source de financement du capital, il faut favoriser l'épargne et, à cette fin, il faut récompenser les épargnants par des intérêts et dividendes. La théorie néoclassique va encore plus loin, elle considère le capital comme un facteur de production qu'il faut donc rémunérer. Toutefois, rémunérer un objet, en l'occurrence le capital, n'a pas de signification économique, car un objet, le capital, ne peut pas exercer de pouvoir d'achat. Les néoclassiques pensent pouvoir sortir de cette situation absurde en proposant de rémunérer les propriétaires du capital. Le système d'analyse néoclassique leur permet de savoir qui sont les propriétaires : l'épargne est la source du financement du capital, ce sont donc les épargnants qui sont les propriétaires du capital.

Or, ces arguments n'ont pas plus de fondement rationnel, et leur acceptation ouvre la voie à l'arbitraire, en l'occurrence justifier les rémunérations par délégation, comme c'est le cas dans l'économie esclavagiste et assimilée. Ils n'ont pas de fondement rationnel, cela essentiellement pour deux raisons. Premièrement, nous l'avons vu, lorsque l'épargne des particuliers est nulle, le profit des entreprises est maximum, dans ce cas, le montant de profit est un montant nécessaire et suffisant pour financer l'achat des produits d'investissement réalisés dans chaque pays considéré. Autrement dit, l'épargne n'est pas une nécessité absolue pour financer la formation du capital, par conséquent, il n'est nul besoin de récompenser les épargnants pour favoriser l'épargne destinée à financer les investissements. Deuxièmement, un objet, en l'occurrence le capital, ne peut pas être considéré comme une cause de la production, cela pour une simple raison, rémunérer un objet n'a pas de sens.

Accepter la rémunération par délégation a deux conséquences néfastes. D'une part, cela revient à accepter une sorte de supercherie qui a pour objectif de justifier les prélèvements indus. En effet, c'est le profit des entreprises qui leur permet de payer les dividendes aux propriétaires des capitaux. Or, le profit représente une partie du revenu des travailleurs captée par les entreprises. D'autre part, si l'on accepte la rémunération par délégation, on écarte l'un des arguments condamnant l'économie esclavagiste et assimilée. En effet, dans cette économie, l'esclave, le travailleur, est considéré comme un capital, mais l'esclave ne reçoit pas le produit de son travail, ni sa contrepartie monétaire, c'est le propriétaire de l'esclave qui s'approprie les produits. Cette situation représente une sorte de rémunération par délégation.

On a aboli l'esclavage, ce qui a permis d'écarter une première façon d'exploiter et de spolier les travailleurs. Il est temps d'abolir la spoliation des salariés (par les financiers) comme on a aboli l'esclavage, ce qui permettra d'écarter une autre façon d'exploiter les travailleurs. C'est ainsi que ceux-ci pourront vivre dignement du revenu de leur travail. Il est temps de redonner leur dignité à tous ceux qui travaillent, en leur permettant d'obtenir ce qui leur est dû.

Enfin, une théorie qui fait croire que l'épargne est la source du financement des investissements et que le capital est une cause de la production fait apparaître un revenu perpétuel pour les propriétaires du capital. Cette situation prolonge les conséquences néfastes des prélèvements indus sur le pouvoir d'achat réel des travailleurs et elle fait apparaître une anomalie. Elle prolonge ces conséquences néfastes sur le pouvoir d'achat réel des travailleurs, car les intérêts et dividendes payés aux propriétaires se perpétuent dans le temps tout en diminuant proportionnellement le revenu réel des travailleurs. Elle fait apparaître une anomalie, car dès que le capital est formé il est perpétué par l'amortissement. Or, le montant qui finance l'amortissement du capital est aussi prélevé sur le revenu des travailleurs. Par conséquent, les nouveaux capitaux de remplacement ne sont plus financés par l'épargne, mais par une partie du revenu des travailleurs, ce qui signifie que, dans une telle économie, les travailleurs sont spoliés perpétuellement deux fois : une première fois par le paiement des intérêts et dividendes, une deuxième fois par le financement de l'amortissement du capital.

En fait, la théorie néoclassique met sur le même plan les travailleurs et les épargnants pour déterminer leur revenu. Toutefois, cette théorie passe sous silence une différence fondamentale, à savoir que les travailleurs obtiennent un revenu du fait de leur participation à la réalisation de la production, alors que les épargnants obtiennent un revenu du seul fait qu'ils sont épargnants. Mais les épargnants en tant que tels ne participent pas à la réalisation de la production, qui est la source du revenu. Précisons en outre qu'une partie ou la totalité des revenus de la majorité des grands épargnants est constituée par des revenus indus et illégitimes. En effet, dans cette économie, il est possible de gagner de l'argent avec de l'argent, en dormant.

V. Le problème de la répartition : un faux problème

Le problème de la répartition ne se pose pas dans une économie artisanale où l'artisan, propriétaire de ses moyens de production, obtient son produit dès la production et où, à travers l'échange sur le marché, il obtient l'équivalent de son produit, dans une économie qui fonctionne normalement. Le problème de la répartition, pour certains auteurs, et le problème du partage du produit entre salaire réel et profit réel, pour d'autres auteurs, apparaissent avec la séparation des travailleurs et des propriétaires des moyens de production (terre, capital, etc.). C'est le cas dans l'économie féodale et dans l'économie salariale, où les travailleurs ne sont pas propriétaires des moyens de production qu'ils utilisent. Dans cette section, nous nous intéresserons au problème de la répartition et du partage du produit essentiellement dans l'économie salariale. Toutefois, ce problème n'est pas étudié de la même façon par les différents courants de pensée ; par certains il est étudié comme la répartition du produit entre les facteurs de production, par d'autres il est étudié comme le partage du produit entre salaire réel et profit réel, dans ce cas la destination du profit est à déterminer rationnellement. Les deux principales différences entre ces deux sortes d'études sont, d'une part le choix de la méthode pour déterminer la cause ou les causes de la production, d'autre part, l'éthique scientifique qui, lorsqu'elle est respectée, écarte toute analyse partisane.

La première étude, menée essentiellement par les néoclassiques, part d'un constat, à savoir que la réalisation de la production nécessite du travail, du capital, de la terre, des matières premières, des produits intermédiaires, etc. et ce constat les amène à affirmer qu'il existe plusieurs facteurs de production. Ces auteurs sont donc obligés de parler de la répartition, car dès lors qu'ils considèrent qu'il existe plusieurs facteurs, ils font apparaître le problème de la répartition des produits entre les facteurs. Or, il ne suffit pas de constater que le travail, le capital, la terre, etc. sont nécessaires pour réaliser la production, encore faut-il établir quelle est la cause de la production. En réalité, ces auteurs confondent le travail, qui est la cause de la production, et les éléments techniques et naturels nécessaires à la réalisation de la production. En outre, nous l'avons vu, rémunérer les objets n'a aucun sens, seuls les travailleurs peuvent être rémunérés. Les néoclassiques, en proposant de rémunérer le travail, mais aussi les propriétaires du capital, de la terre, etc., veulent légitimer le fait qu'être propriétaire des moyens de production donne un droit sur une partie de la production, ils prennent donc une position partisane. Or, une théorie qui a pour objectif d'imposer une position partisane ne respecte pas l'éthique scientifique et perd toute légitimité pour être considérée comme une théorie scientifique.

La seconde étude part d'une analyse rationnelle. Cette analyse amène les auteurs à partir de la source du revenu, qui est la production, et à établir la cause de la production, qui est le travail. Dans ce cas, par définition, le problème de la répartition ne se pose pas, puisque tout le revenu légitime est formé, dès la production, dans l'acte de la rémunération des travailleurs. Une telle analyse s'intéresse au partage du produit entre salaire réel et profit réel.

Tout raisonnement scientifique qui respecte l'éthique scientifique doit déterminer rationnellement et logiquement la destination du profit. Le profit représente une partie du revenu des travailleurs captée par les entreprises, il représente l'épargne forcée des travailleurs. Nous l'avons vu, lorsque l'épargne volontaire des particuliers destinée aux entreprises est nulle, le profit des entreprises considérées dans leur ensemble est maximal et le montant de ce profit est un montant nécessaire et suffisant pour financer l'achat des produits d'investissement réalisés dans chaque pays considéré. Les entrepreneurs doivent donc le destiner à financer les investissements, ce qui permettrait d'améliorer la productivité du travail et donc d'augmenter la production ainsi que, de ce fait même, le pouvoir d'achat réel des travailleurs pour les périodes à venir.

VI. Le problème de la détermination du pouvoir d'achat de la monnaie : un faux problème

Le problème de la perte de pouvoir d'achat de la monnaie préoccupait déjà certains mercantilistes qui l'attribuaient à l'afflux de métaux précieux dans un pays et aux mutations de la monnaie. A l'époque du mercantilisme déjà, Jean Bodin (16ème siècle) avait établi la relation suivante : le pouvoir d'achat de la monnaie est inversement proportionnel à sa quantité par rapport aux produits échangés sur le marché. Cette relation, affirmation, résulte d'un constat : lorsque la quantité de monnaie augmente par rapport aux produits, il faut plus de monnaie pour acheter la même quantité de produits. L'équation des échanges représente la formalisation mathématique de cette affirmation. Cette équation constitue le principal outil d'analyse de la théorie quantitative de la monnaie, représentée actuellement par les monétaristes, l'une des branches de la théorie néoclassique. Cette théorie part d'un constat : si l'on détient de la monnaie, on peut exercer un pouvoir d'achat. Or, la théorie quantitative de la monnaie a essentiellement deux limites qui lui enlèvent tout caractère scientifique : elle confond monnaie et revenu, de ce fait, elle ne se préoccupe pas de l'origine ni de l'emploi de la monnaie qui est dépensée sur le marché des produits.

Premièrement, la théorie quantitative de la monnaie, d'une façon générale la théorie néoclassique, confond monnaie et revenu. Pour savoir si c'est la monnaie ou le revenu qui a le droit légitime sur les produits, il faut savoir et donc établir rationnellement quelle est la source du pouvoir d'achat et savoir comment il apparaît. La production est la source de laquelle découle le pouvoir d'achat ou revenu légitime. En effet, sans la production, il n'y a ni produit ni revenu, par conséquent, aucun pouvoir d'achat ne peut alors être exercé, même si l'on détient de la monnaie. Ce n'est donc pas la monnaie qui représente le droit légitime sur les produits. C'est le revenu monétaire qui résulte de la production et qui représente le droit légitime sur les produits, il représente le produit réalisé, il représente la valeur créée.

Deuxièmement, la théorie quantitative de la monnaie ne se préoccupe pas de l'origine ni de l'emploi de la monnaie qui est dépensée sur le marché des produits. En effet, par définition, l'équation des échanges, le principal outil de la théorie quantitative de la monnaie, ne s'intéresse qu'à ce qui se passe sur le marché des produits. Elle ne peut donc pas distinguer la dépense du revenu de la dépense de la monnaie, elle les confond. Une théorie qui confond revenu monétaire et monnaie ne peut pas distinguer les achats légitimes (dépense du revenu) des achats illégitimes (dépense de la monnaie), elle ne peut donc pas écarter les achats illégitimes qui constituent l'une des causes des inégalités économiques et donc des inégalités sociales. La théorie néoclassique étant la théorie dominante, le fonctionnement du système bancaire actuel est régi par des règles arbitraires établies par les auteurs de cette école de pensée. Ce système confond monnaie et revenu. On comprend alors pourquoi le fonctionnement du système bancaire actuel perpétue les conséquences néfastes dues à cette confusion.

Nous constatons, encore une fois, qu'il ne suffit pas de partir d'un constat pour établir des théories économiques valables, encore faut-il savoir si de telles théories ont ou n'ont pas de fondement rationnel.

En partant des prémisses de l'économie, une analyse rationnelle permet d'établir les résultats suivants. 1° La monnaie est un numéraire, un outil, qui permet de mesurer les produits. 2° Elle n'a pas de droit légitime sur les produits. 3° Elle doit se charger d'un pouvoir d'achat, elle doit devenir un revenu qui, lui, représente le droit légitime sur les produits. Dans le chapitre V, nous verrons comment la monnaie se charge d'un pouvoir d'achat, autrement dit, comment la monnaie devient revenu monétaire.

VII. Le problème des prélèvements indus et illégitimes

La production est la source du revenu et le travail est la cause de la production. Par conséquent, pour avoir un revenu légitime, il faut participer à la réalisation de la production. Le "revenu" indu est l'une des conséquences de l'application de règles arbitraires. Par exemple, les néoclassiques affirment qu'il existe plusieurs facteurs de production. Cette affirmation permet d'établir la règle selon laquelle le produit doit être partagé entre le salaire des travailleurs et le profit des propriétaires des moyens de production. C'est ainsi que la théorie néoclassique légitime les prélèvements indus. Or, le revenu obtenu par les propriétaires des moyens de production, d'une part ne résulte pas de leur participation à la production, d'autre part est prélevé sur le revenu des travailleurs. En effet, le montant de profit distribué et consommé diminue proportionnellement le pouvoir d'achat réel des travailleurs. Quant au "revenu" illégitime, il est l'une des conséquences du fonctionnement du système bancaire actuel, dont les règles de fonctionnement ont été décrétées essentiellement par les auteurs de la théorie néoclassique, influencée par les idées des mercantilistes. En fait, le système bancaire actuel confond monnaie et revenu monétaire. Il ne distingue donc pas les achats légitimes des achats illégitimes. Or, seul le revenu monétaire a un droit légitime sur les produits. Dans une économie salariale, il est déterminé dès la production dans l'acte de la rémunération des travailleurs. La monnaie dépensée directement sur le marché des produits exerce un pouvoir d'achat qui est illégitime, car elle ne s'est pas transformée en revenu. Le montant de monnaie dépensé directement sur le marché des produits diminue aussi proportionnellement le pouvoir d'achat réel des travailleurs. Les théories qui affirment qu'il existe plusieurs facteurs de production et qui confondent monnaie et revenu légitiment la spoliation des travailleurs.

Les conséquences néfastes des prélèvements indus et illégitimes sont multiples. Ces prélèvements sont les principales causes de la spoliation des travailleurs et donc de l'injustice sociale. Ils sont les principales causes des inégalités de revenu et donc des inégalités sociales. Ils sont à l'origine du fait qu'une partie des travailleurs ne parviennent pas à vivre du revenu de leur travail, du fait qu'une partie des travailleurs ne peuvent pas vivre dans les villes où ils travaillent, du fait qu'une partie des travailleurs ne peuvent pas devenir propriétaires du logement où ils vivent. Ces prélèvements indus et illégitimes sont donc à l'origine de l'apparition des classes sociales et par là même des conflits de classes.

Grâce à une analyse rationnelle, on peut déterminer que seule la participation à la réalisation de la production donne un droit légitime sur les produits. Cette analyse doit donc permettre d'établir les règles du fonctionnement normal, harmonieux, de l'économie. L'application de ces règles écarterait les prélèvements indus et illégitimes et leurs conséquences néfastes. En d'autres termes, l'application de ces règles permettrait à chacun d'obtenir une part du produit selon sa participation à la réalisation de la production. Elle permettrait d'améliorer de façon significative le pouvoir d'achat réel de tous ceux qui travaillent.

VIII. Le problème de l'inflation

Les auteurs de la plupart des courants de pensée, dont les néoclassiques, étudient l'inflation-hausse des prix en comparant l'évolution des prix d'une période sur l'autre. Cette comparaison leur permet de dire qu'il faut, selon le taux d'inflation, plus de monnaie pour acheter la même quantité de produit d'une période sur l'autre. Pour la théorie quantitative, l'inflation est due au fait que la quantité de monnaie augmente proportionnellement plus que la quantité des produits. Mais la théorie néoclassique se trouve dans l'impossibilité de déterminer la cause ou les causes de l'augmentation de la quantité de monnaie et cela du fait qu'elle fait croire que les prix et les revenus sont déterminés au moment de l'échange. Elle se trouve donc dans l'impossibilité de distinguer les achats légitimes (dépense du revenu) des achats illégitimes (dépense de la monnaie sur le marché des produits). En faisant croire que, même dans une économie salariale, les prix et les revenus sont déterminés dans l'opération de l'échange, la théorie néoclassique commet une grave erreur et s'interdit de pouvoir distinguer l'équilibre monétaire du déséquilibre monétaire. En fait, la théorie néoclassique s'intéresse à l'équilibre du marché qui est réalisé lorsque les prix sont déterminés. Or, un tel équilibre n'a aucune signification économique, c'est une pure tautologie, puisque l'échange n'a lieu que lorsque vendeurs et acheteurs se mettent d'accord sur le prix et les quantités échangées.

Pour maîtriser l'inflation-hausse des prix ou préserver le pouvoir d'achat de la monnaie, les auteurs de la théorie quantitative proposent aux autorités monétaires de proportionner l'évolution de la quantité de monnaie et l'évolution de la quantité de produits. Or, l'application de cette proposition est illusoire, même dans une économie d'échange pur, puisque, par définition, avant les échanges, on ne connaît pas la quantité de produit qui va être échangée sur le marché. En outre, même si l'application de cette proposition permet de maîtriser l'évolution des prix, elle ne permet pas, en revanche, d'écarter les prélèvements illégitimes. En réalité, la théorie néoclassique se trouve dans l'impossibilité de déterminer le montant de monnaie nécessaire et suffisant qui doit entrer sur le marché des produits. Ces errements des auteurs néoclassiques dans ce domaine sont dus au fait qu'ils cherchent, à travers l'équation des échanges, à déterminer l'évolution du pouvoir d'achat de la monnaie entre deux périodes, ce qui est un non-sens. La monnaie n'a pas de pouvoir d'achat. Enfin, dans une économie salariale l'augmentation des prix peut avoir plusieurs causes telles que, par exemple, l'évolution des salaires monétaires, l'augmentation du taux de profit, l'augmentation des prélèvements illégitimes, l'augmentation du prix des matières premières, l'augmentation du prix des produits importés, etc. Or, parmi ces causes, seuls les achats illégitimes ne sont pas compatibles avec le fonctionnement normal de l'économie. Et, nous l'avons vu, la théorie quantitative se trouve dans l'impossibilité de distinguer les achats légitimes des achats illégitimes.

La nouvelle théorie économique s'intéresse naturellement à l'évolution du pouvoir d'achat réel du revenu dans la même période. Elle part du revenu qui, dans une économie salariale, est déterminé dès la production dans l'acte de la rémunération des travailleurs. Le montant du revenu monétaire ainsi déterminé représente le montant de revenu nécessaire et suffisant dont la dépense sur le marché des produits permet d'écouler sa contrepartie, le produit de la période. Le montant du revenu monétaire détermine aussi la quantité de monnaie qui doit circuler dans une économie salariale. Lorsque le produit de la période est écoulé par la seule dépense du revenu formé à la production, le pouvoir d'achat réel du revenu de la période est préservé, cela quelle que soit l'évolution des prix par rapport aux périodes précédentes. Dans ce cas, l'équilibre monétaire est respecté, puisque la valeur monétaire de la demande globale est égale à la valeur monétaire de l'offre globale.

Lorsque la valeur monétaire de la demande globale est supérieure à la valeur monétaire de l'offre globale, l'équilibre monétaire n'est pas respecté. Cette situation représente un déséquilibre-inflationniste ou une inflation-déséquilibre. L'inflation-déséquilibre signifie que le produit de la période n'est pas écoulé par la seule dépense du revenu formé à la production. Elle signifie aussi que le pouvoir d'achat réel du revenu légitime de la période est altéré. Elle signifie enfin qu'un montant de monnaie a exercé un pouvoir d'achat illégitime sur les produits. Le montant de monnaie qui a exercé un pouvoir d'achat illégitime est équivalent au montant qui représente la différence entre la valeur de la demande globale et la valeur de l'offre globale.

L'inflation-déséquilibre monétaire, qui permet de déterminer les achats illégitimes, est l'une des conséquences du fonctionnement du système bancaire actuel. En effet, le système bancaire actuel ne respecte pas la règle normale de la création de monnaie dans l'économie salariale, il confond monnaie et revenu monétaire. Or, la nouvelle théorie permet d'établir cette règle (cf. chapitre V, section II) et le respect de cette règle écarterait la cause des prélèvements illégitimes, écarterait la principale cause de l'inflation-déséquilibre, écarterait la principale cause de la perte du pouvoir d'achat réel du revenu légitime, écarterait l'une des principales causes de la pauvreté relative ou absolue des travailleurs.

IX. Le problème de la dette des Etats

Dans les prélèvements obligatoires, il faut distinguer les impôts destinés à financer le budget de l'Etat et les cotisations destinées à financer la protection sociale. Toutefois, certains Etats peuvent se porter garants de la pérennité de la protection sociale. Ainsi, par exemple, lorsque la protection sociale est déficitaire, l'Etat se porte garant des emprunts destinés à financer de tels déficits. Dans cette section, nous nous intéresserons au financement du budget de l'Etat.

A travers son budget, l'Etat peut avoir l'un ou plusieurs des objectifs suivants : assurer simplement ses rôles régaliens ; en plus de ces rôles, financer les secteurs qui favorisent les conditions de la réalisation de l'égalité des chances, au moins au départ, à l'entrée dans la vie active ; financer les secteurs qui favorisent les conditions de la réalisation de l'évolution économique ; diminuer, par les impôts, les inégalités de revenus, etc. Par conséquent, le niveau du budget d'un Etat varie avec le nombre de ces objectifs et la façon plus ou moins complète dont il veut assurer l'ensemble des rôles et objectifs que nous venons d'évoquer. Il apparaît clairement que, pour rendre comparable le niveau des impôts entre les pays, il faut tenir compte du nombre et du niveau des services assurés par les agents de l'Etat dans chaque pays.

Pour faciliter notre étude, nous partons d'un cas simple. Nous partons d'une situation où le budget de l'Etat est équilibré et où l'Etat assure la plupart des rôles et objectifs que nous venons d'évoquer, pour étudier ensuite deux des principales causes (politique et économique) des déficits budgétaires, et donc de l'endettement qui amène vers la crise de l'endettement de l'Etat. Nous devons savoir aussi pourquoi les décisions et mesures prises ne sont pas aptes à écarter la crise de l'endettement. Nous étudierons les fautes commises. Nous ne nous intéresserons pas ici aux déficits budgétaires dus à une erreur de calcul des recettes et des dépenses de l'Etat.

En partant d'une situation où le budget de l'Etat est équilibré, il est aisé de comprendre que le niveau des recettes et le niveau des services rendus par l'Etat peuvent évoluer en fonction du niveau de la production et de la croissance économique. Par exemple, dans une situation de croissance économique, même si le taux d'imposition reste inchangé, les recettes de l'Etat augmentent. L'Etat a alors la possibilité soit d'améliorer ses services, soit de les élargir, soit les deux à la fois. Aussi le problème est-il de savoir pourquoi et comment l'Etat, en partant d'une situation d'équilibre budgétaire, réalise des déficits budgétaires successifs. La baisse des recettes de l'Etat a essentiellement deux causes : des causes politiques et des causes économiques.

1° Les causes politiques du déficit budgétaire de l'Etat

Certaines décisions politiques, prises pour faire face au fléchissement de l'économie, font diminuer les recettes de l'Etat. Ces décisions, qui se trouvent être partisanes, sont prises en faveur des catégories aux revenus élevés dont on diminue les impôts. Ces décisions partisanes sont défendues par certains auteurs qui font croire que les impôts font baisser l'épargne, entravant ainsi l'une des principales conditions qui favorisent la croissance économique. Ils font croire que les impôts, à un certain niveau de taux d'imposition, constituent un frein à l'évolution de l'économie. Ce mensonge effréné et éhonté sert encore une fois à défendre certaines catégories. Il trouve son origine et sa "justification" dans la théorie néoclassique qui fonde sur l'épargne des ménages la source du financement des investissements nouveaux. Or, nous l'avons vu, en dernière analyse, ce n'est pas l'épargne mais le profit qui est la source du financement des investissements, et le profit est maximal lorsque l'épargne prêtée aux entreprises est nulle, ce qui signifie que les impôts, quel que soit leur taux, n'entravent pas la croissance économique.

Néanmoins, l'affirmation mensongère selon laquelle les impôts constituent un frein à la croissance économique a influencé les décisions de la plupart des politiques qui, en prétextant vouloir favoriser l'évolution économique de leur pays, ont décidé de baisser le niveau des taux d'imposition pour les plus aisés. Cette décision a eu pour conséquence l'apparition ou l'aggravation du déficit budgétaire. Pour faire face au déficit, d'autres décisions sont prises : la diminution ou le simple abandon de certains services rendus par l'Etat au sens large. En fait, sur certains points ces décisions peuvent être favorables aux titulaires des revenus les plus élevés, mais sur d'autres points, elles affectent la majorité de la population sans véritablement affecter les titulaires des revenus les plus élevés. Justifions ces affirmations.

(i) La baisse du niveau des taux d'imposition est favorable aux catégories les plus riches, d'une part, du fait que celles-ci paient alors moins d'impôts, d'autre part, du fait qu'elles peuvent aussi financer le déficit budgétaire de l'Etat par leur épargne, placement considéré comme sûr. Ce dernier cas permet de mettre en évidence le caractère mensonger de l'affirmation selon laquelle les taux élevés d'impôts mettent en danger la croissance économique. En effet, analytiquement, les deux cas suivants sont identiques. Premièrement, le budget de l'Etat est financé par les impôts, dont celui des plus riches. Deuxièmement, une partie ou la totalité du déficit du budget de l'Etat est financée par l'épargne des plus riches. Ainsi, dans les deux cas, une partie du budget de l'Etat est financée par le revenu (impôt ou épargne) des plus riches, si ce n'est que dans le cas de l'épargne l'Etat doit la rembourser et de surcroît payer des intérêts aux prêteurs.

(ii) La diminution des services rendus par l'Etat n'affecte pas véritablement les catégories les plus riches. Deux exemples parmi d'autres permettent de fonder cette affirmation. Premièrement, la dégradation de la situation de l'éducation publique n'affecte pas véritablement les catégories les plus riches, essentiellement pour deux raisons. D'une part, ces catégories ont les moyens financiers de placer leurs enfants dans des écoles payantes et de leur faire donner des cours privés. D'autre part, la dégradation de la situation de l'éducation publique entrave les conditions de la réalisation de l'égalité des chances, elle entrave la méritocratie qui devrait permettre aux meilleurs d'accéder aux postes de responsabilité les plus élevés. En effet, une partie des enfants, même méritants, ne reçoivent plus une formation suffisante et ils ne peuvent donc pas accéder à l'enseignement supérieur, etc., alors que les catégories les plus riches ont les moyens financiers de placer leurs enfants dans des établissements supérieurs payants. Cette situation entrave le brassage des classes et favorise donc le renouvellement des classes existantes, c'est ce que souhaitent les catégories les plus riches. Deuxièmement, la dégradation de la situation de la sécurité touche davantage les catégories de bas et moyen revenus que les catégories les plus riches. En effet, les catégories les plus riches ont les moyens financiers de faire face à cette dégradation. Elles peuvent, par exemple, embaucher des gardiens, des vigiles, etc.

En outre, la baisse des taux d'imposition et le déficit budgétaire qui en résulte font entrer le budget de l'Etat dans une situation de cercle vicieux. En effet, au fur et à mesure que le déficit augmente, la dette de l'Etat augmente, ainsi que les charges de la dette. Par conséquent, l'Etat doit emprunter toujours davantage pour financer son déficit et payer les charges de sa dette. Cette situation est favorable aux financiers et à ceux qui sont le plus en capacité d'épargner, cela essentiellement pour deux raisons. Premièrement, le déficit budgétaire de l'Etat devient ainsi une source de revenu pour les catégories qui ont le plus de capacité à épargner. En fait, en 2011, les intérêts de la dette de l'Etat français s'élevaient environ à cinquante milliards d'euros, c'est le montant que l'Etat français aura distribué à ces catégories financièrement privilégiées pour l'année 2011. En d'autres termes, l'Etat distribue à ces catégories une partie des impôts qu'il prélève, ce qui signifie que le budget de l'Etat est devenu une source de revenu pour les rentiers. Cette situation constitue une cause d'injustice sociale due aux décisions prises et appliquées par les dirigeants politiques. Deuxièmement, l'aggravation de la situation de l'endettement de l'Etat, certains parlent de la crise de la dette de l'Etat, représente un bon prétexte pour privatiser en partie ou en totalité les entreprises nationales et certains services de l'Etat. Dans une économie où il est possible de gagner de l'argent avec de l'argent, les entreprises et services privatisés élargissent le champ de l'actionnariat et donc des prélèvements indus pour les financiers et pour les catégories qui ont une importante capacité à épargner.

Enfin, pour comprendre pourquoi il n'est absolument pas justifié de défendre les catégories dont les taux d'imposition sont les plus élevés, il suffit de connaître la façon dont ils obtiennent leur revenu. Dans une économie dont le fonctionnement est régi par des règles arbitraires, il est possible d'obtenir plusieurs sortes de revenus. revenus légitimes, indus, illégitimes ou les trois à la fois.

Le problème est de savoir si la théorie néoclassique, qui régit le fonctionnement actuel de l'économie, permet de dénoncer les revenus indus et de détecter les revenus illégitimes afin de pouvoir les écarter. Or, nous l'avons vu, non seulement la théorie néoclassique ne dénonce pas les prélèvements indus, elle tente même de les légitimer, mais elle se trouve aussi dans l'impossibilité de détecter les prélèvements illégitimes. En fait, cette théorie confond monnaie et revenu, de ce fait, elle ne peut pas distinguer le revenu légitime des revenus indus et illégitimes. Mais l'immense majorité des revenus les plus élevés sont constitués de revenus indus et/ou illégitimes. Ces revenus sont prélevés sur le revenu légitime et ces prélèvements constituent l'une des principales causes des inégalités de revenus et donc des inégalités sociales. C'est en passant sous silence cette situation que les politiques tentent de limiter le taux d'imposition, par exemple, à 50% du revenu. En effet, ils ne se posent pas la question de savoir comment le revenu est obtenu : est-il obtenu de façon légitime, de façon indue, de façon illégitime ou par la combinaison de ces différentes façons ? En fait, l'immense majorité de ceux dont le taux d'imposition est élevé ne font que rendre à l'Etat, à travers les impôts, une partie de leur revenu obtenu de façon indue et/ou illégitime. Il est vrai que ce ne sont pas les impôts qui permettent d'écarter les prélèvements indus et illégitimes. Ils permettent toutefois d'atténuer leurs conséquences néfastes, telles que, par exemple, les inégalités économiques et donc sociales.

L'aggravation de l'endettement de l'Etat est l'une des conséquences des décisions politiques partisanes, c'est donc une faute politique, due soit à l'incompétence des dirigeants, soit au fait qu'ils défendent des intérêts partisans, soit aux deux à la fois.

Nous verrons que, pour déterminer le revenu légitime, la nouvelle théorie part de la source du revenu, qui est la production, et de la cause de la production, qui est le travail, ce qui permet d'établir que, pour obtenir un revenu légitime, il faut participer à la réalisation de la production. En fait, sans la production il n'y a ni produit ni revenu. Par conséquent, tout autre revenu que celui qui est obtenu du fait de la participation à la réalisation de la production est soit indu, soit illégitime. La nouvelle théorie établit les règles du fonctionnement normal de l'économie, règles dont l'application permettrait d'écarter les revenus indus et illégitimes, qui diminuent proportionnellement le pouvoir d'achat réel des titulaires du revenu légitime. Cette théorie établit l'importance, l'interdépendance et donc la nécessité de l'ensemble des différentes sortes de travail, des corps de métiers. Toute analyse non partisane doit tenir compte de cette interdépendance et de cette nécessité pour établir dans une limite raisonnable une hiérarchie des revenus légitimes, selon certains critères objectifs, tels que le niveau de compétence, le niveau de responsabilité, etc. Ainsi sera-t-il possible d'écarter, par exemple, l'influence des lobbies qui défendent certaines catégories de salariés ou certaines professions libérales. Actuellement certaines de ces catégories obtiennent des salaires, des avantages et des revenus indécents. Les lobbies qui les défendent tentent de justifier de tels salaires, avantages et revenus par le fait que ces catégories ont effectué des études de longue durée, qu'elles sont les meilleures, qu'elles travaillent durement, etc. Ces justifications sont subjectives, tendancieuses et partisanes, lorsqu'elles concernent certaines catégories et non l'ensemble des catégories. D'aucuns voudraient faire croire que la valeur sociale ou le niveau de compétences des individus sont proportionnels à leur niveau de rémunération ou de revenu. Or, Albert Einstein a toujours vécu de son salaire d'enseignant-chercheur. Il n'a pas eu besoin de gagner plus pour devenir l'un des plus grands savants du XXème siècle et être reconnu comme tel. En outre, si l'on s'en tient à ce type de raisonnement, dans le cadre de leur analyse, on devrait rémunérer au même niveau tous ceux qui ont eu la même durée d'études, tous ceux qui sont les meilleurs, tous ceux qui travaillent durement, etc.

2° Les causes économiques du déficit budgétaire de l'Etat

Le fléchissement de l'économie fait baisser les recettes de l'Etat, pour le même taux d'imposition, et l'aggravation de la situation de l'emploi qui en résulte fait augmenter les dépenses sociales de l'Etat. Dans ce cas, le déficit budgétaire de l'Etat résulte, d'une part de la baisse de ses recettes, d'autre part de l'augmentation de ses dépenses. Or, les dirigeants politiques et économiques, au lieu de chercher les causes du fléchissement de l'économie pour les écarter, diminuent les impôts de certaines catégories et les services rendus par les agents de l'Etat. Par ces décisions, ils entraînent l'affaiblissement de l'Etat, ce qui est souhaité par les libéraux néoclassiques et les néolibéraux. En fait, depuis plus de trente ans, ce sont les délocalisations qui sont la principale cause du fléchissement de l'économie et de l'aggravation de la situation de l'emploi dans les pays dits industrialisés. Par conséquent, les mesures à prendre sont celles qui découragent les délocalisations et favorisent les relocalisations des entreprises délocalisées. La première mesure à prendre pour atteindre ces objectifs est l'établissement des taux de change dans le respect de la parité des pouvoirs d'achat. La deuxième mesure concerne l'importation des produits des pays dont les dirigeants persistent à maintenir leur monnaie sous-évaluée ; l'importation de ces produits doit être taxée proportionnellement à la sous-évaluation de leur monnaie.

Les relocalisations favorisent l'évolution économique et augmentent les recettes de l'Etat. Elles améliorent la situation de l'emploi et donc diminuent les dépenses sociales de l'Etat. Et tout cela favorise les conditions de la réalisation de l'équilibre budgétaire de l'Etat. (Nous étudierons comment faire face à la crise de la dette des Etats au chapitre V, section VI.)

X. Les problèmes posés par le fonctionnement du système bancaire actuel

Dans une économie artisanale où les échanges sont généralisés, la monnaie est nécessaire pour faciliter les échanges. Dans une économie salariale, elle est indispensable pour monétiser la production, car cette économie est, par définition, monétaire. C'est le système bancaire qui émet de la monnaie, il joue donc un rôle prépondérant dans le fonctionnement de l'économie. Le système bancaire, en sus de son rôle d'émetteur de monnaie, joue un autre rôle qui est celui d'intermédiaire financier. Dans ce rôle, il s'interpose entre les épargnants et les emprunteurs.

La monnaie est neutre lorsque le système bancaire respecte certaines règles du fonctionnement normal de l'économie. Elle n'est pas neutre lorsque le système bancaire ne respecte pas ces règles. Dans ce cas, le système bancaire perturbe le fonctionnement harmonieux de l'économie. Ainsi, la façon dont fonctionne le système bancaire peut altérer ou non le fonctionnement normal de l'économie.

Le système bancaire actuel pose problème car son fonctionnement est régi par des règles arbitraires qui ont été établies essentiellement par les auteurs néoclassiques. En effet, nous avons vu, d'une part que la théorie néoclassique confond monnaie et revenu, d'autre part qu'elle n'a pas de fondement rationnel, de ce fait, elle est compatible avec toutes sortes de règles arbitraires. Ainsi le système bancaire actuel confond monnaie et revenu monétaire et son fonctionnement est régi par des règles arbitraires. En effet, le système bancaire actuel est susceptible de créer de la monnaie lorsqu'il accorde des crédits (par exemple, en contrepartie de l'achat d'effets de commerce ou d'effets publics, en accordant des avances en compte courant aux agents économiques). Il crée aussi de la monnaie lorsqu'il achète des devises. Il y a seulement quelques dizaines d'années (et c'est encore le cas dans certains pays) les banques émettaient de la monnaie en contrepartie de l'achat de biens pour elles-mêmes. Ces différentes sortes de création de monnaie sont appelées par la majorité des auteurs qui s'intéressent au fonctionnement du système bancaire actuel des *cas* de création de monnaie. En fait, aucun de ces cas de création de monnaie ne respecte les règles normales de la création de monnaie et, de ce fait, la confusion entre monnaie et revenu se maintient.

1° L'effet de commerce représente une reconnaissance de la dette de l'acheteur envers le vendeur, ce qui signifie que c'est le vendeur qui prête de l'argent à l'acheteur. L'effet de commerce représente donc une opération financière. Par conséquent, lorsque le vendeur a besoin d'argent et présente l'effet de commerce à la banque, afin que soit respectée l'opération financière, la banque doit lui prêter l'épargne d'autres épargnants. Autrement dit, elle ne doit pas créer de monnaie à cette fin. Or, actuellement ce n'est pas le cas, la banque peut créer de la monnaie en contrepartie de l'effet de commerce.

2° Les avances en compte courant peuvent avoir deux origines et deux destinations. La première origine est la monnaie émise par les banques. La deuxième origine est l'épargne. Actuellement, quelle que soit l'origine des avances en compte courant, les prêts ainsi accordés par le système bancaire peuvent être destinés à monétiser la production dans l'acte de la rémunération des travailleurs, ou à être dépensés directement sur le marché des produits. Ces possibilités d'utilisation indifférenciée de la monnaie et du revenu (épargne) sont les conséquences du fait qu'actuellement le système bancaire confond monnaie et revenu.

3° La création de monnaie en contrepartie de l'achat de devises par les banques d'un pays est une cause de prélèvements illégitimes dans le pays concerné.

4° Accepter le fait que les banques puissent créer de la monnaie en contrepartie de l'achat d'un bien, c'est accepter de donner aux banques un pouvoir d'achat illégitime et illimité.

L'étude monétaire des néoclassiques est fondée sur la théorie quantitative. Or, cette théorie ne permet pas de voir que ce n'est pas la monnaie mais le revenu monétaire qui a un droit légitime sur les produits, car elle confond monnaie et revenu. Elle fait croire que la monnaie a un pouvoir d'achat qui est déterminé sur le marché au moment de l'échange.

Nous verrons qu'une analyse rationnelle permet d'établir les résultats qui suivent. Premièrement, le système bancaire confond monnaie et revenu (l'épargne) lorsque les banques créent de la monnaie destinée à être prêtée au vendeur, par exemple, en contrepartie de l'effet de commerce. Deuxièmement, la monnaie créée doit être destinée uniquement à monétiser la production dans l'acte de la rémunération des travailleurs. L'application de cette règle écartera la cause des prélèvements illégitimes. Notre analyse permet d'établir que l'épargne doit être destinée uniquement à être dépensée sur le marché des produits. L'application de cette règle écartera l'une des principales causes de l'insuffisance de la demande globale, de la faillite de certaines entreprises, de l'aggravation de la situation de l'emploi et donc du dysfonctionnement de l'économie. Troisièmement, juridiquement chaque devise (la monnaie de chaque pays) représente le droit, légitime ou non, sur les produits du pays auquel la devise appartient. Quatrièmement, la confusion entre monnaie et revenu peut amener à donner l'illusion que les politiques monétaires sont susceptibles de contrôler l'inflation-hausse des prix, de relancer l'économie, etc.

Dans le chapitre V consacré aux principes de l'économie et aux règles du fonctionnement normal de l'économie, nous proposerons une réforme du système bancaire. Nous y établirons les règles normales de la création de monnaie. Nous y établirons la nécessité des quatre départements bancaires : un département monétaire, un département de revenu et deux départements financiers. Cette distinction permettra d'écarter toute confusion entre monnaie, revenu et finance ainsi que les conséquences néfastes, que nous avons évoquées, dues à cette confusion.

XI. Les problèmes engendrés par la mondialisation dite de la production

Nous devons distinguer les objectifs des échanges internationaux, à savoir l'enrichissement mutuel et les objectifs de la mondialisation dite de la production, à savoir la recherche d'une amélioration toujours croissante de la rentabilité des capitaux financiers. Dans cette section, nous nous intéresserons essentiellement à la mondialisation dite de la production. Nous devons d'emblée préciser que, tant qu'il existe des monnaies différentes, des politiques fiscales et sociales différentes, etc., la mondialisation dite de la production n'a pas de sens analytiquement. Et lorsque l'on entend parler de la mondialisation dite de la production, il faut entendre les délocalisations.

Le principal objectif de la mondialisation dite de la production est de faire face à la baisse de rentabilité des placements financiers à l'intérieur de certains pays dits industrialisés. En fait, dans les pays industrialisés, où il est possible de gagner de l'argent avec de l'argent, la rentabilité des placements financiers baisse au fur et à mesure que l'accumulation du capital augmente. Cette baisse est due au fait que le profit réalisé dans chaque période constitue la source dans laquelle sont puisés les dividendes et intérêts, alors que le capital s'accumule dès qu'il est formé et se perpétue dans le temps grâce à l'amortissement. Autrement dit, le profit représente une partie du revenu formé dans chaque période, captée par les entreprises, tandis que le capital est le résultat des accumulations successives de période en période.

Pour faire face à cette baisse, les financiers des entreprises des pays industrialisés décident de délocaliser leurs entreprises dans les pays en développement et émergents, où les monnaies sont sous-évaluées par rapport à la monnaie de leur pays d'origine. Le principal objectif de cette décision, prise par les financiers, est d'importer dans le pays de leur origine les produits réalisés par les entreprises délocalisées et ainsi de réaliser des profits substantiels, ce qui leur permet d'améliorer la rentabilité de leurs placements financiers. Pour rendre acceptable l'implantation de leurs entreprises dans les pays en développement ou émergents, ils font croire que ces implantations favorisent la croissance économique de ces pays et donc améliore le pouvoir d'achat réel de leurs habitants.

Sous l'influence des financiers, des néolibéraux au service des financiers et du fait que la théorie néoclassique est compatible avec toutes sortes de décisions et règles arbitraires, ces délocalisations ont été facilitées et favorisées par les décisions des organisations internationales telles que le FMI, l'OMC et la Banque Mondiale. Le FMI a imposé aux pays membres de cette organisation la libre circulation des capitaux financiers. L'OMC, en passant sous silence le problème des taux de change arbitraires, a imposé aux pays membres de cette organisation la libre circulation des marchandises. Et la Banque Mondiale fait croire que les délocalisations sont favorables aux pays où les entreprises délocalisées s'implantent.

Une analyse rationnelle permet d'établir que la mondialisation actuelle dite de la production n'est favorable ni aux pays qui se trouvent être à l'origine de leur financement ni aux pays où ces entreprises s'implantent, ni au développement durable ni au développement équitable. Nous verrons au chapitre II, section IV, qu'elle n'est favorable qu'aux financiers de ces entreprises.

1° *Elle n'est pas favorable aux pays qui se trouvent être à l'origine du financement des délocalisations.* En effet, les délocalisations constituent l'une des principales causes du chômage dans les pays qui se trouvent être à l'origine de leur financement. Lorsque les financiers des entreprises délocalisent leur production, ils n'investissent plus dans leur pays d'origine. Dans ce cas, si la population active augmente, la situation de l'emploi s'aggrave dans le pays concerné. Lorsque les financiers des entreprises délocalisent leurs entreprises, non seulement ils n'investissent plus dans leur pays d'origine et donc n'y créent plus d'emplois, mais ils licencient des travailleurs. Dans ce cas, même si la population active n'augmente pas, le chômage augmente. En outre, les délocalisations engendrent une baisse de la production, une baisse des recettes de l'Etat et une augmentation des dépenses sociales dans les pays concernés.

2° *Elle n'est pas favorable aux pays où ces entreprises s'implantent.* Nous l'avons vu, le principal objectif des financiers qui délocalisent leurs entreprises est d'importer dans leur pays d'origine les produits réalisés par "leurs" entreprises implantées dans les pays en développement et émergents. En fait, les monnaies des pays où ces entreprises s'implantent sont largement sous-évaluées. Ainsi, par exemple, si les monnaies de ces pays en développement et émergents sont dix fois sous-évaluées, ces pays, lorsqu'ils exportent 100 UP (unités de produit), n'importent que 10 UP des pays dont les monnaies sont dix fois surévaluées. Par conséquent, l'implantation des entreprises délocalisées dans les pays en développement et émergents devient une cause de pillage de ces pays.

3° *Elle n'est pas favorable au développement durable.* Les produits réalisés par les entreprises délocalisées sont transportés sur des milliers de kilomètres pour être acheminés essentiellement sur les marchés des pays qui se trouvent être à l'origine de leur financement. Ces transports représentent un important gaspillage d'énergie et donc une source de pollution. Or, les pays d'origine des entreprises délocalisées produisaient et peuvent encore produire ces produits qu'ils importent actuellement.

4° *Elle n'est pas favorable au développement équitable.* L'évolution de la production d'un pays doit profiter à l'ensemble de sa population, selon la participation de chacun à la réalisation de la production. Or, l'augmentation de la production due à l'implantation des entreprises délocalisées ne profite pas proportionnellement aux habitants des pays où ces entreprises s'implantent, car les produits réalisés par ces entreprises sont destinés essentiellement à l'exportation et les échanges entre ces pays et les pays importateurs de ces produits ne se réalisent pas dans l'équivalence, comme nous l'avons déjà vu.

Précisons enfin que les financiers ne délocalisent pas dans n'importe quel pays. Ils délocalisent leurs entreprises dans des pays qui satisfont à plusieurs conditions. Ils implantent leurs entreprises dans les pays où les monnaies sont sous-évaluées par rapport aux monnaies des pays dits industrialisés mais où le niveau de l'éducation et de la formation est suffisamment élevé pour former une main-d'œuvre qualifiée, où les infrastructures sont suffisantes et où il existe une stabilité politique. Or, les pays qui satisfont à ces conditions sont prêts à entrer dans la phase du développement économique. Toutefois, il existe une autre condition à satisfaire pour ces pays, c'est le financement des investissements nécessaires à la réalisation de l'évolution de leur économie. En fait, la plupart des pays en développement ne produisent pas de biens capitaux, ils sont donc obligés de les importer. Or, pour financer l'importation de biens capitaux, ces pays doivent exporter pour le même montant ou emprunter sur le marché financier international, en payant des taux d'intérêt le plus souvent exorbitants. Mais depuis la libéralisation des mouvements des capitaux financiers et des marchandises, ils peuvent accepter l'implantation d'entreprises étrangères dans leur pays. Dans ce cas, du fait, d'une part que les produits réalisés par ces entreprises sont essentiellement destinés à l'exportation, d'autre part que les échanges entre ces pays et les pays importateurs de ces produits ne se réalisent pas dans l'équivalence, les pays en développement qui acceptent l'implantation des entreprises étrangères sur leur sol payent une rançon aux financiers de ces entreprises pour pouvoir s'industrialiser. On le voit, actuellement, les pays en développement qui ne peuvent pas financer l'importation de biens capitaux par leurs exportations sont contraints de payer aux financiers soit des taux d'intérêt exorbitants, soit des rançons.

Or, si le système monétaire et financier international respectait les règles qui régissent le fonctionnement normal de l'économie d'échange (l'économie internationale est une économie d'échange), aucun pays n'aurait besoin de payer des taux d'intérêt exorbitants pour financer ses importations nettes. (Pour plus de précisions, cf. chapitre V, section IX.) Précisons enfin que si les taux de change étaient établis dans le respect de la parité des pouvoirs d'achat, aucun financier n'aurait intérêt à délocaliser sa production ni ses entreprises. En fait, les financiers ne sont pas des philanthropes.

XII. Le problème des crises financières

La combinaison de deux ou de plusieurs des éléments suivants se trouve être à l'origine à la fois du développement des marchés financiers et de leurs corollaires, les crises financières, qui sont devenues planétaires et de plus en plus fréquentes. Ces éléments sont : le fait qu'il est possible de gagner de l'argent avec de l'argent, la liquidité internationale, la libre circulation des capitaux financiers, la recherche d'une rentabilité maximale des capitaux financiers, la financiarisation, les spéculations, les taux de change arbitraires, etc. Ces éléments sont les conséquences de l'application des exigences des financiers. En effet, ces exigences ont pu être satisfaites par les politiques et par les dirigeants des organisations internationales qui se réfèrent à la théorie dominante, car celle-ci est compatible avec toutes sortes de règles arbitraires. Toutefois, ces crises font apparaître des réactions contradictoires parmi ceux qui sont formés dans le cadre de la théorie néoclassique, influencés ou inspirés par elle.

Premièrement, selon certains de ces économistes, politiques et dirigeants, les crises financières affectent la liquidité internationale et elles risquent de mettre en danger le système financier, situation susceptible de ralentir l'évolution des économies. Or, ces affirmations sont fausses, car elles n'ont aucun fondement rationnel. La liquidité internationale n'est pas une nécessité. Nous le verrons (chapitre V), l'apparition de la liquidité internationale est une anomalie due au fonctionnement du système monétaire et financier international actuel. En outre, ces crises n'ont aucun effet sur le montant de la liquidité internationale. Les crises des marchés financiers font apparaître des perdants et des gagnants, le montant perdu par les uns est gagné par les autres. L'objectif de ceux qui affirment que les crises financières affectent la liquidité internationale est de demander l'aide des Etats et des organisations internationales en faveur des financiers et des organismes financiers. Toutefois, de telles aides augmentent la liquidité internationale, ce qui augmente encore les risques d'apparition de nouvelles crises financières. S'il est vrai que les crises financières risquent de mettre en danger certains financiers et organismes financiers qui ont pris des risques, en revanche, il n'est pas vrai que cette situation soit susceptible de ralentir l'évolution des économies, cela essentiellement pour quatre raisons. 1° Par définition, les crises financières n'ont pas d'effet sur le capital réel existant. 2° Les organismes financiers s'intéressent aux relations entre épargnants et emprunteurs (par exemple, entre ménages et entreprises). Ces organismes gardent en mémoire les créances-dettes. Si certains emprunteurs ne parviennent pas à honorer leur dette, cela n'affecte pas la demande globale dans chaque pays considéré, puisque l'épargne prêtée est soit consommée, soit investie. 3° Nous l'avons vu, le profit est maximal lorsque l'épargne des ménages est nulle. Dans ce cas, les entreprises considérées dans leur ensemble sont indépendantes des marchés financiers, ce qui signifie que les organismes financiers ne sont pas une nécessité absolue pour que les entreprises financent leurs investissements. 4° La mondialisation des marchés financiers va à l'encontre des règles du fonctionnement normal des économies nationales.

En réalité, ceux qui affirment que les crises financières menacent l'évolution des économies et qui demandent l'aide des Etats et des organisations internationales tentent de masquer les effets néfastes des délocalisations et des spéculations, qui sont les principales causes de ralentissement des économies de certains pays actuellement. Or, les délocalisations et les spéculations sont les conséquences de l'application des exigences des financiers qui ont délocalisé ou veulent délocaliser leurs entreprises et des organismes financiers à qui profite la libre circulation des capitaux financiers. Précisons que les spéculations sont responsables du ralentissement des économies du fait que l'épargne et le profit quittent le circuit réel pour entrer dans la sphère de la spéculation.

Deuxièmement, pour certains auteurs néoclassiques et néolibéraux les crises financières représentent une réaction saine du marché. Elles sont donc nécessaires, car elles permettent d'assainir les marchés financiers. En fait, cette affirmation est paradoxale. D'une part, ces auteurs, d'inspiration néoclassique et néolibérale, font croire que le marché est le meilleur régulateur. D'autre part, ils pensent que les crises sont nécessaires pour assainir le marché. En fait, les crises sont les conséquences de l'application de règles arbitraires. Tant que de telles règles sont appliquées, il est vain de penser que l'on peut écarter les crises financières.

En réalité, ces contradictions sont dues au fait que la théorie néoclassique n'a pas de fondement rationnel. Une telle théorie est compatible avec toutes sortes d'affirmations et elle se trouve dans l'impossibilité de détecter si ces affirmations sont vraies ou fausses.

La nouvelle théorie permet d'obtenir les résultats suivants :

Premièrement, l'apparition de la liquidité internationale est une conséquence du fonctionnement du système monétaire et financier international actuel. En effet, la liquidité internationale n'apparaîtrait pas si les deux principales règles de l'économie d'échange étaient respectées, d'une part, la règle selon laquelle ce sont les ventes qui doivent financer les achats, d'autre part, la règle selon laquelle les achats nets doivent être financés par les ventes nettes.

Deuxièmement, la libre circulation des capitaux financiers est une anomalie due à l'application de règles arbitraires. L'une des règles du fonctionnement normal de l'économie exige que le revenu formé dans chaque pays soit dépensé sur le marché des produits du pays où il est formé. La sortie des capitaux financiers d'un pays constitue l'une des causes de l'apparition de l'insuffisance de la demande globale, de la faillite de certaines entreprises et de l'aggravation de la situation de l'emploi dans le pays considéré.

Troisièmement, la recherche d'une rentabilité maximale des capitaux financiers est une conséquence due au fait qu'en dernière analyse la théorie actuellement dominante considère qu'être épargnant donne droit à une partie du produit. Ainsi la libre circulation des capitaux financiers et la recherche d'une rentabilité maximale ont favorisé l'évasion des capitaux avec toutes les conséquences néfastes que cela implique, dont l'aggravation de la situation de l'emploi dans chaque pays concerné.

Quatrièmement, la financiarisation est l'une des conséquences des trois cas précédents. La financiarisation favorise et accentue les spéculations qui constituent le principal élément à l'origine des crises financières.

En fait, les crises financières perdureront tant qu'il sera possible de gagner de l'argent avec de l'argent, tant qu'existera la libre circulation des capitaux financiers, tant que le système monétaire et financier international fera apparaître la liquidité dite internationale. Ces trois cas sont les conséquences de l'application de règles arbitraires.

Dès qu'apparaissent les crises financières et la crise de l'endettement des Etats, une grande partie des dirigeants politiques, économiques, monétaires et financiers de par le monde se mobilisent. Ils organisent des réunions et sont prêts à prendre toutes sortes de mesures pour sauver les placements des financiers, alors que ce sont ces mêmes financiers et organismes financiers qui sont responsables de ces crises. En outre, nous l'avons vu, ces crises n'ont pas d'effet sur l'économie réelle. Mais face à la dégradation de la situation de l'emploi, face à l'aggravation des inégalités économiques et sociales et face à la misère qui frappe une partie de la population mondiale, ces mêmes dirigeants n'ont jamais organisé de réunions, jamais pris la moindre mesure qui soit apte à écarter ces situations, alors que celles-ci ont des conséquences si graves sur les plans humain, économique et social et alors que les personnes qui en souffrent ne sont pas responsables de leur sort. Cette différence de comportement permet de constater que les financiers imposent leur volonté aux dirigeants politiques, économiques, monétaires et financiers.

XIII. Le problème du financement du développement

Les auteurs de la théorie dominante actuelle font croire que les pays en développement ont essentiellement deux possibilités pour financer et favoriser le développement de leur économie : par l'endettement extérieur et/ou par l'implantation des entreprises dites multinationales, deux possibilités favorisées par le fonctionnement du système monétaire et financier international actuel. En réalité, ces auteurs et les dirigeants des organisations internationales ne se préoccupent pas véritablement du principal objectif du développement, qui est d'améliorer le pouvoir d'achat réel des habitants de ces pays proportionnellement à l'évolution de leur économie.

En fait, l'objectif premier des auteurs qui proposent de financer le développement par l'endettement extérieur est de placer les liquidités internationales, avec parfois des taux d'intérêt exorbitants. Mais cette façon de financer le développement a exclu du marché financier certains des pays considérés comme non solvables, et a fait entrer d'autres pays dans une situation de surendettement, ce qui les empêche de recourir au financement par endettement. C'est ainsi que les crises de l'endettement de certains pays en développement sont devenues récurrentes depuis 1973, période où est apparue une augmentation considérable de la liquidité internationale, du fait de la multiplication du prix de pétrole. Cette situation montre que certains pays importateurs de pétrole ont financé leurs importations par la monnaie.

L'implantation des entreprises dites multinationales dans les pays en développement n'a pas pour objectif premier de favoriser l'évolution économique ni donc de faire augmenter le pouvoir d'achat réel dans ces pays, mais d'améliorer la rentabilité des placements des financiers. En effet, nous l'avons vu, les produits réalisés par ces entreprises dans les pays en développement et émergents sont destinés essentiellement à l'exportation vers les pays où les monnaies sont surévaluées par rapport aux monnaies des pays où ces entreprises s'implantent. Nous l'avons vu aussi, cette situation n'est favorable ni aux pays qui se trouvent être à l'origine du financement des délocalisations des entreprises, ni aux pays où elle s'implantent. Elle n'est pas favorable aux premiers, car les délocalisations constituent l'une des principales causes de l'aggravation de la situation de l'emploi dans ces pays. Elle n'est pas favorable aux seconds car l'implantation de ces entreprises constitue un élément qui facilite une sorte de pillage de ces pays en développement et émergents, du fait que la sous-évaluation de leur monnaie ne leur permet pas d'obtenir l'équivalent de leurs exportations. Dans ce cas, le pouvoir d'achat réel des habitants de ces pays n'évolue pas proportionnellement à l'évolution de leur économie. Toutefois, cette situation est favorable aux financiers. En effet, actuellement, pour se développer ou pour s'industrialiser, ces pays sont obligés de payer soit des taux d'intérêt exorbitants, soit une rançon aux financiers des entreprises qui s'implantent chez eux.

A l'encontre des idées inculquées par la théorie dominante qui fait croire que l'évolution économique de certains pays ne peut se réaliser qu'au détriment de l'évolution économique d'autres pays, la théorie rationnelle établit que tous les pays peuvent développer leur économie sans que l'évolution économique des uns s'effectue au détriment de celle des autres. Elle permet de démontrer que, lorsque les taux de change seront établis dans le respect de la parité des pouvoirs d'achat, il n'y aura plus de délocalisations dont l'objectif est de réaliser des surprofits. De plus, les taux de change ainsi établis permettront à certains pays en développement d'augmenter les recettes de leurs exportations et donc de financer de façon indépendante l'achat d'une partie plus importante des équipements nécessaires au développement de leur économie. La théorie rationnelle propose une réforme du système monétaire et financier international, dans lequel la liquidité internationale n'apparaîtra plus. En fait, l'économie internationale est une économie d'échange et le nouveau système respecte les règles du fonctionnement normal de cette économie, règles selon lesquelles les achats doivent être financés par les ventes et les achats nets par les ventes nettes. Dans le cadre de ce nouveau système, il sera possible de constituer une caisse de solidarité qui permettra aux pays les moins avancés économiquement de financer leur retard de développement. Cette caisse pourrait être alimentée par un prélèvement automatique, par exemple de 0,5% sur les échanges internationaux. En effet, l'ensemble de ces échanges passera par le nouveau système réformé. On pourra alors voir que l'évolution économique des pays en développement est favorable à l'ensemble des pays.

XIV. Le problème de la monnaie internationale et les conséquences de la confusion entre monnaie internationale et monnaie nationale

Précisons que la monnaie de chaque pays est destinée à monétiser les échanges (dans une économie artisanale) ou la production (dans une économie salariale) dans chaque pays considéré. Aussi, selon une convention établie par les pouvoirs publics dans l'ensemble des pays, la monnaie a un pouvoir libérateur de dettes. C'est pourquoi la monnaie de chaque pays représente un droit (légitime ou non) sur les produits du pays considéré. Elle représente un droit légitime sur les produits dans le cas où son introduction dans l'économie se fait dans le respect des règles normales de la monétisation de l'économie. Elle représente un droit non légitime sur les produits dans le cas où son introduction dans l'économie se fait dans le non-respect de ces règles.

Lorsque la monnaie d'un pays joue le rôle de monnaie internationale, cette monnaie obtient aussi un pouvoir libérateur de dettes sur le marché international. Or, la confusion entre monnaie nationale et monnaie internationale a des conséquences négatives sur le fonctionnement du système monétaire et financier international mais des effets "positifs" à court terme et négatifs à moyen et long termes pour le pays dont la monnaie est considérée comme monnaie internationale.

1° *La confusion entre monnaie nationale et monnaie internationale a des conséquences négatives sur le fonctionnement du système monétaire et financier international.*

Cette confusion fait apparaître deux sortes de pays : le pays dont la monnaie est considérée comme monnaie internationale et les autres pays. Ces deux sortes de pays ne se trouvent pas à égalité dans leurs relations d'échanges ni dans leur façon de financer leurs achats nets au niveau international. Le pays dont la monnaie est considérée comme monnaie internationale a la possibilité de financer le déficit de sa balance commerciale, et même de sa balance des paiements, par sa propre monnaie, ce qui fait apparaître de faux paiements. Remarquons que les pays dont les excédents sont financés par cette monnaie ne se rendent pas compte qu'il s'agit d'un faux paiement, puisqu'ils peuvent transmettre la monnaie ainsi reçue à d'autres pays, par exemple pour financer leurs importations nettes. Autrement dit, le montant de monnaie qui entre ainsi dans le circuit international y reste tant que le pays dont la monnaie est considérée comme monnaie internationale ne réalise pas un excédent équivalant à ce montant. En effet, lorsqu'un pays finance ses déficits par sa monnaie, l'une des règles de l'économie d'échange n'est pas respectée, règle selon laquelle les achats excédentaires doivent être financés par les ventes excédentaires. En fait, cette règle peut ne pas être respectée par le pays dont la monnaie est considérée comme monnaie internationale, puisque celui-ci a la possibilité de financer par sa propre monnaie le déficit de sa balance commerciale. Cette façon de financer le déficit de sa balance commerciale constitue la principale cause de l'apparition de la liquidité internationale. Or, l'existence de la liquidité internationale a plusieurs effets néfastes.

Premièrement, la liquidité internationale constitue la principale source qui alimente les spéculations sur les marchés financiers, sur les marchés des matières premières, sur les marchés des produits alimentaires, etc. Deuxièmement, l'existence de la liquidité internationale facilite et favorise les délocalisations, l'évasion des capitaux, la financiarisation de l'économie internationale. Troisièmement, l'apparition de la liquidité internationale a amené certains économistes et politiques à raisonner en termes de liquidité internationale. Ils font croire qu'il est normal qu'apparaisse et qu'existe une surliquidité, ou une insuffisance de liquidité, au niveau international. Le raisonnement en termes de surliquidité ou d'insuffisance de liquidité est l'un des éléments qui influencent les taux d'intérêt sur les marchés financiers. L'insuffisance de liquidité tire les taux d'intérêt vers la hausse, tandis que la surliquidité a l'effet inverse. Précisons que la liquidité internationale augmente lorsque les importations nettes sont financées par la monnaie du pays dont la monnaie est considérée comme monnaie internationale. Elle est susceptible de diminuer lorsque les entreprises et l'Etat du pays dont la monnaie est considérée comme monnaie internationale lancent des emprunts. Cette situation est une conséquence de la confusion entre monnaie nationale et monnaie internationale. Un autre élément qui influence les taux d'intérêt sur les marchés financiers de l'ensemble des pays qui ont accepté la libre circulation des capitaux financiers est le taux d'intérêt fixé par les autorités monétaires du pays dont la monnaie est considérée comme monnaie internationale. Cette influence sur les taux d'intérêt est une conséquence de la confusion entre monnaie nationale et monnaie internationale. Quatrièmement, l'existence de la liquidité internationale a des effets sur les variations des taux de change, ce qui met en situation d'incertitude les importateurs, les exportateurs, les créanciers et les débiteurs au niveau international. En effet, dans le système monétaire et financier international actuel, l'offre et la demande des monnaies constituent l'une des façons de déterminer les taux de change. Cette façon de déterminer les taux de change trouve son origine dans la théorie néoclassique, qui considère la monnaie comme un bien. Ainsi une grande partie des pays, des financiers, des entreprises et des individus qui détiennent la monnaie internationale, dont la source est la liquidité internationale, sont constamment à la recherche des placements les plus sûrs et les plus rémunérateurs. Cette recherche les amène à placer et à déplacer constamment leurs fonds dans un pays ou dans un autre. Ces placements et déplacements sont susceptibles de faire varier les taux de change. Par exemple, lorsque les placements sont effectués sur le marché financier d'un pays, la monnaie de ce pays est susceptible de s'apprécier sur le marché des changes, et inversement lorsque ces placements quittent un pays.

2° *La confusion entre monnaie nationale et monnaie internationale a des effets "positifs" et négatifs pour le pays dont la monnaie est considérée comme monnaie internationale.*

Premier effet "positif" : ce pays a la possibilité de financer les déficits de sa balance de paiements par sa propre monnaie. De ce fait, pour ce financement, ce pays est le seul qui peut être indépendant des marchés financiers. Deuxième effet "positif" : ce pays peut avoir l'impression qu'il a un pouvoir d'achat illimité sur tous les marchés internationaux. Troisième effet véritablement positif : cette façon de financer les déficits de sa balance des paiements ne coûte rien à ce pays en termes d'intérêt, car il se paye des intérêts à lui-même, il les paye à ses propres banques, alors que les autres pays, pour payer les intérêts de leurs emprunts sur le marché financier international, doivent réaliser une balance commerciale excédentaire au moins égale au montant des intérêts à verser. Le système monétaire et financier international actuel fait apparaître une situation paradoxale. En effet, le pays le plus riche du monde, depuis la seconde Guerre Mondiale, le pays dont la monnaie est considérée comme monnaie internationale, ne paie pas d'intérêt lorsqu'il finance les déficits de sa balance de paiements, tandis qu'inversement et paradoxalement plus un pays est pauvre, plus il doit payer un taux d'intérêt élevé (qui comprend les primes de risque) pour financer le déficit de sa balance commerciale.

Le principal effet négatif, qui est surtout une menace pour le pays dont la monnaie joue le rôle de monnaie internationale, est le montant de monnaie de ce pays détenu par les non-nationaux. En effet, certains parlent de la dette de l'Etat des Etats-Unis, dette constituée par les emprunts émis pour financer leur déficit budgétaire, mais ils passent sous silence les créances du reste du monde sur les Etats-Unis. Le montant de ces créances représente, d'une part, l'ensemble des montants monétaires qui ont permis à ce pays de financer les déficits de sa balance des paiements depuis les accords de Bretton-Woods, d'autre part, le montant de l'ensemble des prêts monétaires, non remboursés, accordés par ce pays pour que d'autres pays financent le déficit de leur balance commerciale durant toute cette période. Autrement dit, le montant de l'ensemble des dollars détenus de par le monde par les pays, par les financiers, par les entreprises et par les individus représente le montant de la dette extérieure des Etats-Unis. Ce montant se chiffrerait par milliers de milliards de dollars. Cette dette est une épée de Damoclès sur ce pays et elle représente un très grand risque pour ses créanciers. En fait, pour que ce pays puisse rembourser cette dette, il doit réaliser une balance commerciale excédentaire équivalant au montant de cette dette. Tant que la monnaie d'un pays continuera à être considérée comme monnaie internationale, cette situation aberrante perdurera et s'aggravera. Précisons, pour ceux qui s'intéressent aux marchés financiers, que le niveau de la dette extérieure de ce pays représente l'un des plus graves dangers que le système financier mondial actuel ait pu rencontrer.

On comprend par là que des règles nouvelles doivent être établies et respectées. La nouvelle théorie part des principes de l'économie d'échange pour déterminer les règles du fonctionnement harmonieux du système monétaire et financier international, règles qui doivent être respectées. En effet, l'économie internationale est une économie d'échange. Dans cette économie ce sont les ventes qui doivent financer les achats et, par conséquent, ce sont les ventes nettes (exportations moins importations) qui doivent financer les achats nets (importations moins exportations). Ainsi, les deux principaux rôles du système monétaire et financier international sont, d'une part de monétiser les échanges, d'autre part de prendre en charge les excédents et les déficits des pays. C'est pourquoi le système monétaire et financier international doit être réformé (cf. chapitre V section IX). Nous verrons que le fonctionnement normal du nouveau système monétaire et financier international écartera tous les inconvénients que nous avons évoqués, inconvénients dus au fonctionnement du système actuel qui fait apparaître la liquidité internationale.

XV. Le problème des organisations internationales actuelles

Charte des Nations Unies, Article 1

"Les buts des Nations Unies sont les suivants :

1. Maintenir la paix et la sécurité internationales et à cette fin : prendre des mesures collectives efficaces en vue de prévenir et d'écarter les menaces à la paix et de réprimer tout acte d'agression ou autre rupture de la paix, et réaliser, par des moyens pacifiques, conformément aux principes de la justice et du droit international, l'ajustement ou le règlement de différends ou de situations, de caractère international, susceptibles de mener à une rupture de la paix;

2. Développer entre les nations des relations amicales fondées sur le respect du principe de l'égalité de droits des peuples et de leur droit à disposer d'eux-mêmes, et prendre toutes autres mesures propres à consolider la paix du monde;

3. Réaliser la coopération internationale en résolvant les problèmes internationaux d'ordre économique, social, intellectuel ou humanitaire, en développant et en encourageant le respect des droits de l'homme et des libertés fondamentales pour tous, sans distinction de race, de sexe, de langue ou de religion;

4. Être un centre où s'harmonisent les efforts des nations vers ces fins communes."

Les conflits entre les pays ont, directement ou indirectement, des origines économiques. Les trois principales organisations membres de l'ONU qui ont en charge les problèmes économiques tels que le développement, les relations monétaires, les relations financières et les échanges internationaux sont la Banque Mondiale, le Fonds Monétaire International (FMI) et l'Organisation Mondiale du Commerce

(OMC). Force est de constater que depuis plus de soixante ans les problèmes du développement n'ont pas été résolus et que les réformes structurelles imposées par la Banque Mondiale aux pays en développement n'ont pas été bénéfiques à ces pays mais aux financiers, que les crises monétaires et financières sont récurrentes, ce qui marque les limites des interventions du FMI, que les échanges internationaux ne sont pas réalisés dans le respect de l'équivalence et que la libre circulation des capitaux financiers et des marchandises exigée par le FMI et l'OMC a engendré les délocalisations, qui ont pour conséquences le pillage de certains pays et l'aggravation de la situation de l'emploi dans d'autres. En fait, bien que ces organisations existent depuis plus de soixante ans, les relations économiques, monétaires et financières entre les pays font toujours apparaître des pays gagnants, des pays perdants, des pays dominants et des pays dominés, et cette situation est source de conflits.

Les organisations internationales telles qu'elles fonctionnent actuellement ne sont pas au service des pays ni de la population mondiale, en réalité, elles sont sous l'influence de certains pays dont les dirigeants sont eux-mêmes au service de certaines catégories. Cette situation est due, d'une part au fait que les intérêts économiques en jeu sont considérables, d'autre part au fait que la théorie dominante actuelle est compatible avec toutes sortes de règles arbitraires et partisanes. Il en est ainsi, par exemple, des taux de change établis arbitrairement, de la règle arbitraire qui impose la libre circulation des capitaux financiers, de la libre circulation des marchandises qui passe sous silence le problème des taux de change arbitraires, de la monnaie d'un pays considérée comme monnaie internationale, etc.

L'application de ces règles arbitraires mène au désastre, il faut donc les changer en partant d'une analyse rationnelle qui, seule, permet d'établir les règles du fonctionnement normal (harmonieux) de l'économie internationale. Le respect de ces règles mettrait tous les pays à égalité sur le marché international et écarterait les causes qui engendrent actuellement les crises monétaires et financières récurrentes. Cette analyse exige l'établissement des taux de change dans le respect de la parité des pouvoirs d'achat, ce qui permettrait la réalisation des échanges dans l'équivalence et écarterait la principale cause des délocalisations et leurs conséquences néfastes. Cette analyse établit les fondements d'un nouveau système monétaire et financier international, où la monnaie internationale serait indépendante des monnaies de tous les pays. Ce nouveau système ne ferait pas apparaître la liquidité internationale qui alimente actuellement toutes sortes de spéculations sur les marchés financiers, sur les marchés des matières premières, sur les marchés des produits alimentaires, etc. En effet, des relations économiques harmonieuses entre les pays créeraient enfin l'une des principales conditions de la réalisation de l'entente pacifique entre les pays et de la paix dans le monde.

Chapitre II

Des théories économiques et des affirmations fausses

I. Introduction

Les affirmations fausses sont les conséquences du fait que certaines théories, dénuées de fondement rationnel, ne parviennent pas à expliquer de façon cohérente certaines situations ou ont surtout des objectifs partisans à atteindre. De telles théories ouvrent la voie à l'arbitraire et elles sont compatibles avec toutes sortes d'affirmations fausses, qu'il n'est pas facile de dénoncer en restant dans le cadre de ces théories. Dans ce chapitre nous étudierons quelques affirmations avancées par les auteurs néoclassiques, affirmations qui s'avéreront fausses et donc trompeuses.

II. Des affirmations fausses au service de certaines catégories

La théorie néoclassique n'ayant pas de fondement rationnel, elle ouvre la voie à toutes sortes d'affirmations, vraies ou fausses, qu'il est impossible de distinguer en restant dans le cadre de cette théorie. De ce fait, cette théorie se trouve dans l'impossibilité d'écarter certaines affirmations fausses, qui peuvent d'ailleurs être compatibles avec son raisonnement. Quelques exemples permettent de fonder ces assertions.

1° Certains économistes et politiques affirment que les impôts diminuent la demande

Selon les pays, les impôts sont destinés à financer les rôles de l'Etat : les rôles régaliens bien sûr, mais aussi d'autres rôles, propres à favoriser, par exemple, les conditions de la réalisation de l'égalité des chances pour tous au moins au départ dans la vie, les conditions de la réalisation de l'évolution économique et du bien-être ou encore les rôles de l'Etat dans le domaine social.

L'affirmation selon laquelle les impôts diminuent la demande est ambiguë, car elle ne permet pas de savoir s'il s'agit de la baisse de la demande directe sur le marché des produits des individus qui paient des impôts ou s'il s'agit de la baisse de la demande globale. Néanmoins nous devons l'étudier en deux temps, pour savoir si cette affirmation a des fondements rationnels ou si elle a des objectifs partisans.

Premièrement, la théorie néoclassique est actuellement la théorie dominante et elle guide la pensée et l'action de la grande majorité des économistes et des politiques qui avancent cette affirmation. Le problème est donc de savoir si l'analyse néoclassique est compatible avec l'affirmation selon laquelle les impôts diminuent la demande. L'analyse néoclassique confond valeur et prix. De ce fait, elle ne permet pas de distinguer la demande individuelle de la demande globale.

Par définition, les impôts diminuent la demande sur le marché des produits marchands des individus qui les payent. Par conséquent, l'effet des impôts sur la demande individuelle qui baisse n'a aucun intérêt analytiquement, c'est une redondance. Nous devons donc nous intéresser à l'effet des impôts sur la demande globale. Dans une économie salariale, pour pouvoir déterminer l'effet des impôts sur la demande globale, il faut déterminer au préalable la valeur de l'offre globale. Toutefois, pour savoir si cette théorie permet de déterminer l'effet des impôts sur la demande globale, nous devons savoir si la théorie néoclassique permet de distinguer l'offre globale de la demande globale. Il n'en est rien car la théorie néoclassique propose de généraliser à l'économie salariale les résultats obtenus par l'analyse de la détermination des revenus de l'économie d'échange artisanale et cette généralisation est un non-sens. Dans une économie salariale, pour déterminer le niveau de la demande globale, il faut déterminer dès la production le revenu total qui représente la valeur de l'offre globale. Or, les néoclassiques font croire qu'il est possible de déterminer, dans une économie salariale, le revenu des facteurs de production, donc leurs demandes, au moment de l'échange. Autrement dit, dans ce système d'analyse, l'offre et la demande sont déterminées simultanément, ce qui signifie que l'offre et la demande sont confondues, qu'elles sont toujours égales. Par conséquent, l'analyse néoclassique se trouve dans l'impossibilité de distinguer l'offre globale et la demande globale. Elle se trouve donc dans l'impossibilité de déterminer l'effet des impôts sur la demande globale.

Deuxièmement, les impôts ont-ils un effet sur la demande globale ? Pour répondre à cette question, nous devons distinguer les produits marchands et les produits non marchands. Les produits marchands sont ceux dont le prix est déterminé sur le marché par la dépense du revenu. Dans une économie salariale, par définition, le revenu monétaire est déterminé dès la production dans l'acte de la rémunération des travailleurs. Le revenu ainsi déterminé représente la valeur de l'offre globale des produits marchands. Le montant du revenu ainsi déterminé est un montant nécessaire et suffisant dont la dépense permet d'écouler la totalité du produit réalisé dans chaque pays. En d'autres termes, par la vente de leur produit les entreprises considérées dans leur ensemble récupèrent le montant de revenu formé à la production. Le revenu ainsi dépensé représente la valeur de la demande globale. La valeur de la demande globale est égale à la valeur de l'offre globale lorsque l'économie fonctionne normalement. Les produits non marchands sont ceux réalisés par les agents de l'Etat au sens large (l'Etat, les collectivités, etc.). Cette production est financée par les impôts et elle est mise à la disposition de ceux qui en ont besoin. Les agents de l'Etat sont payés par les impôts et ils dépensent leur revenu sur le marché des produits marchands. Ainsi la demande globale adressée au marché des produits marchands est constituée par la dépense du revenu des travailleurs des secteurs marchands moins les impôts, par la dépense du revenu des agents de l'Etat dont le montant est égal aux impôts destinés à rémunérer ces agents et par la demande de l'Etat. Il apparaît donc clairement que les impôts n'ont aucun effet sur la demande globale.

Les économistes et les politiques qui affirment que les impôts diminuent la demande sont incompétents ou ont un objectif partisan, ou pire encore ils cumulent les deux. Ils sont incompétents, car ils ne voient pas que les impôts constituent la source de la demande des agents de l'Etat en contrepartie de leur production non marchande et de la demande de l'Etat sur le marché des produits marchands. Ils ont un objectif partisan, car ils défendent les catégories qui paient le plus d'impôts. Ils voudraient que l'Etat ne joue que ses rôles régaliens. Ils ne souhaitent pas que l'Etat joue son rôle dans le domaine social pour établir les conditions de la réalisation de l'égalité des chances. En fait, les classes les plus aisées n'ont pas besoin de l'éducation gratuite ni de l'aide sociale. En outre, ces économistes et politiques passent sous silence le problème de savoir d'où vient le revenu des catégories les plus riches qui, de ce fait, paient plus d'impôts. En réalité, le revenu de l'immense majorité des plus riches ne vient pas de leur participation à la réalisation de la production, mais de prélèvements indus et illégitimes. Enfin, l'aide sociale de l'Etat est une conséquence de l'existence du chômage et des prélèvements indus et illégitimes, elle ne sera plus nécessaire lorsque le plein-emploi sera établi et lorsque seront supprimés les prélèvements indus et illégitimes. Tous ceux qui travaillent pourront alors satisfaire leurs besoins économiques par leur revenu obtenu grâce à leur participation à la réalisation de la production.

2° Certains économistes et politiques affirment que les charges sociales font augmenter le coût salarial

Pour marquer la portée et les limites de cette affirmation nous devons, dans un premier temps, répondre à la question de savoir qui, en dernière analyse, paie les charges sociales (maladie, retraite, chômage, accidents de travail, etc.) : les travailleurs ou les entrepreneurs ? On peut répondre à cette question de deux façons, par un constat ou par une analyse rationnelle. Ensuite, nous verrons que seule une véritable théorie de la valeur et de la détermination de la valeur ou du revenu légitime permet d'apporter une réponse juste.

L'analyse néoclassique n'a pas de véritable théorie de la valeur, elle confond valeur et prix. Or, la valeur (ou revenu) est déterminée à la production dans l'acte de la rémunération des travailleurs, tandis que le prix est, par définition, déterminé au moment de l'échange. Malgré ce que pensent les néoclassiques, la détermination simultanée de la valeur et du prix concerne uniquement l'économie artisanale. Dans cette économie, le revenu de l'artisan, déterminé au moment de l'échange, lui permet de faire face à l'ensemble de ses dépenses, dont la maladie, etc., directement ou par l'intermédiaire des organismes de protection sociale à qui les artisans versent des cotisations. Nous l'avons vu, la théorie néoclassique ne détermine pas le revenu à la production dans une économie salariale, c'est pourquoi on peut dire qu'elle n'a pas de véritable théorie de la valeur. De ce fait, elle se trouve dans l'impossibilité de confirmer ou d'infirmer l'affirmation selon laquelle les charges sociales augmentent le coût salarial. C'est la raison pour laquelle ceux qui avancent cette affirmation sont obligés de partir d'un constat pour justifier leur affirmation. Ils constatent que les entrepreneurs paient les salaires et versent des cotisations sociales pour leurs travailleurs[3]. La séparation entre les salaires reçus par les travailleurs et les cotisations versées aux organismes de la protection sociale les amène à dire que, si les entrepreneurs ne payaient pas de cotisations sociales, leur coût salarial serait moins élevé. Or, une justification fondée sur des constats peut amener à des conclusions hâtives et sans fondement rationnel, ce qui est le cas ici.

Pour déterminer si c'est le travailleur ou l'entrepreneur qui paie les cotisations, il faut connaître la source du revenu et la cause de la production. La production est la source du revenu et

[3] Remarquons que ce constat va à l'encontre de l'affirmation des néoclassiques selon laquelle, même dans une économie salariale, le revenu est déterminé au moment de l'échange. En fait, les néoclassiques ne sont pas à une contradiction près.

le travail est la cause de la production. Il résulte de ces deux relations que, pour obtenir un revenu légitime, il faut participer à la réalisation de la production. La théorie rationnelle de l'économie salariale fait apparaître deux phases : la phase de la production et la phase de l'écoulement du produit. Dans cette économie, le revenu est déterminé dans la phase de la production, c'est-à-dire à la production et dans l'acte de la rémunération des travailleurs. Le revenu ainsi formé représente la valeur du produit. Le montant de revenu formé à la production est un montant nécessaire et suffisant pour écouler la totalité du produit ; cela représente la phase de l'écoulement du produit. Il résulte de ces relations que le montant des cotisations versées par les entreprises n'est qu'une partie du revenu des travailleurs.

Nous devons maintenant savoir si les cotisations et, d'une façon générale, le niveau de rémunération des travailleurs, considérés dans leur ensemble, a un effet sur la valeur de la demande globale (revenu dépensé sur le marché des produits) par rapport à la valeur de l'offre globale (revenu formé à la production). Le revenu formé à la production, ou la valeur de l'offre globale, constitue la source de la demande globale. Autrement dit, les entreprises, considérées dans leur ensemble, récupèrent le montant des rémunérations, y compris les cotisations, quel que soit leur montant, par la vente de leurs produits.

Un exemple permet de démontrer que les deux situations suivantes sont identiques analytiquement. Supposons que dans un premier cas le coût salarial soit de 100 UM (unités de monnaie) pour 100 UP (unités de produit), ce qui signifie que les entreprises rémunèrent les travailleurs et paient les cotisations pour 100 UM et que les travailleurs produisent 100 UP. Le coût total salarial (100 UM) représente la valeur de l'offre globale qui est la source de la demande globale. Les entreprises, par la vente de leur produit, récupèrent les 100 UM qui leur ont permis de monétiser la production dans l'acte de la rémunération des travailleurs. Supposons maintenant que les entreprises rémunèrent les travailleurs et paient les cotisations pour 1000 UM et que les travailleurs produisent toujours 100 UP. Le coût total salarial (1000 UM) représente la valeur de l'offre globale qui est la source de la demande globale. Les entreprises, par la vente de leur produit, récupèrent les 1000 UM qui leur ont permis de monétiser la production dans l'acte de la rémunération des travailleurs. Nous constatons que le montant monétaire du coût salarial, quel qu'il soit, n'a aucun effet sur la demande adressée aux entreprises considérées dans leur ensemble. Ce résultat n'est pas surprenant, car le revenu formé à la production, quel que soit son montant, représente la production réalisée dans chaque période, il représente le droit légitime sur les produits, il constitue la source de la demande globale.

En fait, les économistes et politiques qui affirment que les charges sociales font augmenter le coût salarial sont influencés par la théorie néoclassique et ils ont un objectif partisan. Ils sont influencés par la théorie néoclassique qui fait croire, par exemple, que les charges sociales pénalisent les entreprises, que le marché libre et concurrentiel permet de réaliser le plein-emploi, que l'indemnisation des chômeurs favorise le chômage, etc. Ils ont un objectif partisan, car ils défendent les intérêts des financiers. Ils souhaitent le démantèlement de la protection sociale pour pouvoir la remplacer par des assurances privées. C'est ainsi, par exemple, qu'ils veulent remplacer par des assurances privées (individualisme) le financement des dépenses de la maladie par cotisations (solidarité entre les divers membres de la population). Ils veulent substituer au financement de la retraite par les cotisations (solidarité entre les générations) le financement de la retraite par capitalisation (individualisme). Le premier changement est favorable aux financiers du secteur privé des assurances maladie, le second changement est favorable aux financiers car, d'une part ils prélèvent un pourcentage sur chaque placement réalisé par les futurs retraités, d'autre part ils reçoivent une rémunération pour gérer les placements. Enfin, dans le financement de la retraite par capitalisation, ils veulent légitimer le fait qu'être épargnant donne un droit sur une partie du produit.

III. Affirmations fausses sur les avantages de l'union monétaire européenne

Quels sont les principaux arguments des défenseurs de la monnaie unique ? 1° Ils affirment que la monnaie unique favorise la croissance économique et donc améliore la situation de l'emploi dans les pays membres de cette union monétaire. 2° Ils affirment qu'elle favorise et facilite le développement des échanges entre les pays membres de l'union monétaire. 3° Ils affirment qu'elle permet de mieux faire face aux attaques lancées sur les marchés monétaires et financiers de ces pays.

Etudions la portée et les limites de ces affirmations.

Premièrement, la mise en place de la monnaie unique, en elle-même, ne favorise pas la croissance économique et donc n'améliore pas la situation de l'emploi dans les pays membres de cette union monétaire. En fait, dans chaque pays, c'est l'évolution des investissements qui constitue le principal élément apte à favoriser la croissance économique. Aussi, pour réaliser la croissance économique et donc améliorer la situation de l'emploi, faut-il augmenter les investissements dans un pays ou dans l'ensemble des pays dits à économie intégrée (les pays qui ont choisi une monnaie commune). En fait, depuis la mise en place de la monnaie unique, on constate l'amélioration de la situation de l'économie et de l'emploi dans certains pays (les moins avancés) et leur aggravation dans d'autres pays (les plus avancés), membres de cette union. Autrement dit, l'évolution économique de certains pays s'est réalisée au détriment de l'évolution économique d'autres pays. Cette situation est due au fait que les financiers des pays les plus avancés économiquement ont investi dans les pays les moins avancés, ce qui n'est en fait qu'une sorte de délocalisation. La décision de ces financiers découle elle-même du fait que l'intégration dans ce système de monnaie unique s'est effectuée au départ avec des taux de change arbitraires (c'est pourquoi certains sont amenés à dire que la main-d'œuvre est, par exemple, moins chère en Pologne qu'en France). Ces délocalisations, dans les pays dont les monnaies étaient sous-évaluées au moment de l'intégration, ont les mêmes conséquences néfastes, pour ces pays et pour les pays qui se trouvent être à l'origine de leur financement, que celles que nous avons dénoncées lorsque nous avons évoqué ladite mondialisation de la production (cf. chapitre I section XI).

Deuxièmement, il est vrai que la monnaie unique favorise et facilite le développement des échanges entre les pays membres de cette union monétaire. Mais les échanges sont réalisés après la production, ce qui signifie que chaque pays présente une partie de sa production sur le marché des pays de l'union. En fait, le développement des échanges entre les pays membres de cette union est dû essentiellement au fait que les produits réalisés par les entreprises des pays les plus industrialisés délocalisées dans les pays les moins avancés sont destinés aux pays les plus avancés. Or, avant la mise en place de la monnaie unique, les pays les plus avancés produisaient eux-mêmes une grande partie de ces produits, et ils pourraient encore les réaliser. Par ailleurs, le développement actuel des échanges entre les pays membres de cette union n'est pas compatible avec les exigences du développement durable, ni avec la principale exigence du développement équitable. Il n'est pas compatible avec les exigences du développement durable, car il engendre un gaspillage considérable des ressources énergétiques. Pour favoriser le développement durable, il faut rapprocher les producteurs des consommateurs dans chaque pays, dans chaque région, etc. Le développement actuel des échanges entre les pays membres de cette union n'est pas compatible non plus avec la principale exigence du développement équitable, car les échanges entre les pays avancés et les pays où les entreprises délocalisées s'implantent ne sont pas, actuellement, réalisés dans l'équivalence. En d'autres termes, actuellement, les pays où les entreprises délocalisées s'implantent sont pillés par les pays les plus avancés économiquement, alors que ces derniers constatent une aggravation de la situation de l'emploi sur leur territoire.

Troisièmement, on a fait croire que la monnaie unique permettrait de mieux faire face aux attaques subies sur les marchés monétaires et financiers de ces pays. Or, ce n'est pas en mettant en place la monnaie unique que l'on écarte les causes qui sont à l'origine de ces attaques. Tant que ces causes ne seront pas écartées, ces attaques perdureront. En effet, l'existence de la monnaie unique n'a pas empêché le système monétaire et financier des pays membres de subir des attaques sans précédent, depuis 2007. Le système monétaire et financier de l'union actuelle n'écarte pas le fait qu'il est possible de gagner de l'argent avec de l'argent ni la financiarisation, qui constituent les principales causes de ces attaques. En fait, l'union monétaire, telle qu'elle est réalisée actuellement, est essentiellement favorable aux financiers, surtout à ceux qui délocalisent leur production ou leurs entreprises.

La monnaie unique a pour objectif de consacrer l'intégration économique des pays membres. Mais pour que cette intégration soit réussie, pour que l'évolution économique de certains pays ne se réalise pas au détriment d'autres pays, pour qu'elle ne fasse apparaître ni pays gagnants, ni pays perdants, elle doit être réalisée dans un cadre précis. Seule une théorie rationnelle permet de déterminer le cadre dans lequel doit être réalisée cette monnaie unique : 1° Dans cette union, tous les taux de change doivent d'emblée être établis dans le respect de la parité des pouvoirs d'achat. 2° Les politiques fiscales et sociales doivent être harmonisées dans l'ensemble des pays membres. 3° Les politiques salariales doivent être harmonisées dans l'ensemble des pays membres. 4° Dans l'ensemble des pays membres de l'union, les banques doivent respecter les règles de la création de monnaie, règles qui découlent des principes économiques établis rationnellement. A cette fin, une réforme du système bancaire doit être réalisée (sur la réforme du système bancaire, cf. chapitre V section VII).

IV. L'affirmation selon laquelle la mondialisation dite de la production est favorable à l'ensemble des pays est une tromperie

Les libéraux néoclassiques et les néolibéraux font croire qu'on peut parler de mondialisation de la production lorsque certaines entreprises sont délocalisées et lorsque les entreprises d'un pays appropriées par des financiers étrangers (en contrepartie de leurs créances) réalisent des produits dans certains pays pour les vendre dans d'autres. Ils présentent ladite mondialisation comme étant favorable à l'ensemble des pays concernés, avançant principalement deux raisons pour justifier leur affirmation : d'une part, du fait que les délocalisations sont réalisées dans les pays émergents et en développement, elles feraient augmenter le niveau de la production dans ces pays, d'autre part, du fait que les produits sont réalisés dans les pays émergents ou en développement et importés dans les pays industrialisés, ces importations amélioreraient le pouvoir d'achat réel dans ces pays industrialisés. Deux décisions arbitraires ont facilité la réalisation de ce que les libéraux néoclassiques et les néolibéraux appellent la mondialisation de la production. La première est la libre circulation des capitaux imposée par le FMI. La deuxième est la libre circulation des marchandises imposée par l'OMC. Ensuite, une situation et un objectif ont favorisé la réalisation de ladite mondialisation. La situation est qu'actuellement les taux de change sont établis arbitrairement. Or, le FMI qui a en charge la détermination des taux de change passe sous silence cette situation, de même que l'OMC, qui impose à ses pays membres la libre circulation des marchandises. L'objectif est celui des financiers des entreprises, qui cherchent à améliorer la rentabilité de leurs placements grâce aux surprofits que ladite mondialisation leur permet de réaliser.

Dans mon ouvrage intitulé *Délocalisations, chômage : les remèdes* (2006), je démontre que la mondialisation actuelle dite de la production n'a pas de sens. En effet, la production réalisée dans chaque pays appartient au pays où elle est réalisée, car le revenu formé en contrepartie de la production est formé dans le pays où la production est réalisée. La mondialisation actuelle n'est pas favorable aux pays qui se trouvent être à l'origine de leur financement ni aux pays, souvent les mêmes, qui importent les produits réalisés par les entreprises implantées dans les pays émergents ou en développement. En fait, les financiers des entreprises délocalisent leur production ou leurs entreprises dans les pays émergents ou en développement où les monnaies sont sous-évaluées par rapport à celles des pays dont les entreprises sont délocalisées. La totalité ou une grande partie des produits réalisés par ces entreprises sont importés et vendus dans les pays où les monnaies sont surévaluées par rapport aux monnaies de ces pays émergents ou en développement. Les importateurs de ces produits réalisent des surprofits, ce qui améliore la rentabilité des placements réalisés dans les pays émergents ou en développement, par rapport aux rentabilités que de tels placements auraient permis de réaliser dans leur pays d'origine. Cette situation fait apparaître une concurrence inégale entre les produits réalisés dans les pays où les monnaies sont surévaluées et ces produits similaires importés. Or, les autorités politiques, économiques et monétaires de ces pays ne réagissent pas face à cette concurrence inégale. Il est vrai que leur marge de manœuvre est limitée par les décisions prises et imposées par le FMI et l'OMC (dont on peut se demander légitimement à quels critères ils obéissent). Toutefois, il est vrai aussi que ces dirigeants ont donné leur consentement à ces décisions. Par ignorance ou du fait qu'ils sont au service des financiers, ou encore les deux à la fois, ces dirigeants n'ont pas tenu compte des conséquences néfastes de ces décisions lorsqu'ils ont accordé leur consentement. Par conséquent, dans les pays où les monnaies sont surévaluées, les financiers des entreprises se trouvent devant un dilemme : soit ils acceptent que leurs entreprises fassent faillite, soit ils décident de les délocaliser. Dans les deux cas la situation de l'emploi s'aggrave dans ces pays. En effet, les entreprises qui font faillite et les entreprises qui délocalisent licencient leurs travailleurs. Ce processus de délocalisation, de désindustrialisation des pays dont les entreprises délocalisent et de l'aggravation de la situation de l'emploi, continuera tant que les taux de change ne seront pas établis dans le respect de la parité des pouvoirs d'achat.

La mondialisation actuelle n'est pas non plus favorable aux pays où les entreprises délocalisées s'implantent tout en restant la propriété de financiers étrangers. Nous l'avons vu, la totalité ou la majorité des produits réalisés par ces entreprises est destinée aux pays où les monnaies sont surévaluées par rapport aux monnaies des pays où ces entreprises sont implantées. De ce fait, les échanges entre le premier ensemble de pays et le second ensemble ne sont pas réalisés dans l'équivalence. Cette situation fait apparaître une sorte de pillage du second ensemble de pays par le premier. J'ai appelé cette sorte de pillage, pillage par la ruse, du fait que les taux de change ne sont pas établis dans le respect de la parité des pouvoirs d'achat et du fait que cette situation est passée sous silence par le FMI qui a la responsabilité de veiller sur les taux de change. Un exemple permet de constater les conséquences de la sous-évaluation de la monnaie d'un pays ou d'un ensemble de pays. Supposons que les monnaies du premier ensemble de pays soient 10 fois surévaluées par rapport aux monnaies du second ensemble de pays. Supposons que le second ensemble exporte 100 UP (unités de produit) et qu'en contrepartie, il obtienne 10 UMi (unités de monnaie internationale). En dépensant ces 10 UMi sur le marché du premier ensemble, le second ensemble n'obtient que 10 UP similaires, alors que si les taux de change étaient établis dans le respect de la parité des pouvoirs d'achat, il obtiendrait 100 UP similaires.

En fait, la mondialisation actuelle dite de la production n'est favorable qu'aux financiers, car elle leur permet de réaliser des profits substantiels et donc d'améliorer la rentabilité de leurs placements. Si, par exemple, les monnaies des pays où les entreprises délocalisées sont implantées sont 10 fois sous-évaluées par rapport aux monnaies des pays qui importent les produits réalisés par ces entreprises, les produits importés dans ces derniers pays apparaîtront pour les importateurs dix fois moins chers que les produits similaires réalisés dans ces mêmes pays. Supposons qu'une unité d'un produit réalisé dans les pays Pa (pays industrialisés) coûte 100 UMa (unités de monnaie des Pa), une unité d'un produit similaire importé ne coûterait que 10 UMa. Nous pouvons constater que, même si les importateurs de ce produit le vendent pour 90 UMa, ils réaliseront un profit unitaire de 80 UMa, alors que les producteurs locaux réaliseront une perte de 10 UMa. Ce profit substantiel est réalisé, nous l'avons vu, au détriment du pouvoir d'achat réel des travailleurs des pays où les entreprises délocalisées sont implantées. Dans les pays que les entreprises quittent pour être délocalisées, la situation de l'emploi s'aggrave. Dans les pays où ces entreprises s'implantent, le pouvoir d'achat réel des travailleurs baisse, du fait que leurs pays sont pillés. En réalité, dans ce cas, l'amélioration du pouvoir d'achat réel dans les pays industriels est proportionnelle à la perte de pouvoir d'achat réel dans les pays émergents et en développement. Ces pays s'industrialisent, mais le pouvoir d'achat réel des habitants n'augmente pas proportionnellement à l'évolution de la production. C'est pourquoi on peut dire qu'actuellement les pays émergents et en développement doivent, pour s'industrialiser, payer une rançon aux financiers des entreprises délocalisées qui s'y implantent. Nous avons vu aussi que la mondialisation actuelle dite de la production engendre un énorme gaspillage des ressources énergétiques.

En fait, la mondialisation de la production n'a pas de sens tant qu'il existe des monnaies différentes et tant que les taux de change sont établis arbitrairement. Toutefois, tant qu'il existera des monnaies différentes, tant qu'il sera possible de gagner de l'argent avec de l'argent et tant que les dirigeants des pays et des organisations mondiales seront au service des financiers, les délocalisations et leurs cortèges de conséquences nuisibles perdureront.

La mondialisation dite de la production doit être écartée et cela ne pourra se faire que lorsque sera appliquée la règle selon laquelle les taux de change doivent être établis dans le respect de la parité des pouvoirs d'achat, règle déduite d'une théorie dont les fondements sont rationnels. En effet, pour écarter les délocalisations de la production et des entreprises et donc leurs effets néfastes, il faut écarter la principale condition qui permet aux financiers de ces entreprises de réaliser des profits substantiels au détriment du reste de la population, à savoir les taux de change établis arbitrairement. En effet, lorsque les taux de change seront établis dans le respect de la parité des pouvoirs d'achat, les financiers des entreprises n'auront plus intérêt à délocaliser leur production ou leurs entreprises, car ils ne pourront plus réaliser ainsi des profits substantiels. Certains pourraient objecter, avec raison, que jadis les taux de change n'étaient pas établis dans le respect de la parité des pouvoirs d'achat et pourtant les délocalisations soit n'existaient pas, soit étaient très limitées. En fait, jadis la libre circulation des capitaux et la libre circulation des marchandises n'existaient pas. Ce sont le FMI et l'OMC qui les ont imposées.

V. L'affirmation selon laquelle la main-d'œuvre est moins chère dans certains pays que dans d'autres est fausse

Une étude fondée sur l'observation permet de constater que les produits importés dans certains pays sont moins chers que les produits similaires réalisés dans ces mêmes pays. Ce constat amène certains économistes et politiques, formés et nourris dans le cadre de la théorie néoclassique, à franchir le pas et à affirmer que la main-d'œuvre est moins chère dans certains pays que dans d'autres. Or, l'affirmation de ces économistes et politiques n'a pas de fondement rationnel. Certains, souvent les mêmes, pour justifier leur affirmation, se fondent sur un autre constat : le pouvoir d'achat réel est moins élevé dans certains pays que dans d'autres. Ils veulent faire croire que si la main-d'œuvre est moins chère dans certains pays que dans d'autres, cela est dû au fait que le pouvoir d'achat y est moins élevé. Ils confondent le pouvoir d'achat réel, qui dépend du niveau de production de chaque pays, et le coût de la main-d'œuvre, qui dépend des taux de change.

Une analyse rationnelle permet de démontrer que l'affirmation selon laquelle la main-d'œuvre est moins chère dans certains pays que dans d'autres est un leurre. En effet, dans chaque pays la rémunération des travailleurs, quel que soit le montant total des rémunérations, représente la valeur monétaire du produit réalisé dans le pays concerné. Cela signifie que le montant du revenu ainsi formé dans chaque pays est un montant nécessaire et suffisant dont la dépense permet de l'écouler.

Néanmoins, le problème est de savoir pourquoi la main-d'œuvre apparaît moins chère dans certains pays que dans d'autres. Ce problème est celui de la détermination des taux de change, qui sont établis ou non dans le respect de la parité des pouvoirs d'achat.

Prenons un exemple. Dans un pays, pays A, le produit réalisé est de 100 UP (unités de produit) et la rémunération des travailleurs de 100 UMa (unités de monnaie du pays A). Dans un autre pays, pays B, le produit réalisé est de 100 UP et la rémunération des travailleurs de 1000 UMb (unités de monnaie du pays B). Les 100 UP sont sensiblement similaires dans les deux pays. La détermination des taux de change dans le respect de la parité des pouvoirs d'achat passe par la relation suivante :

100 UP = 100 UMa = 1000 UMb.

Il résulte de cette relation que 1 UMa = 10 UMb.

Le taux de change ainsi établi permet de constater que si l'on détient 1 UMa ou 10 UMb, on peut acheter la même quantité de produit dans l'un ou l'autre pays. Il apparaît clairement que lorsque les taux de change sont établis dans le respect de la parité des pouvoirs d'achat, on ne peut plus dire ni constater que la main-d'œuvre est moins chère dans certains pays que dans d'autres.

Or, actuellement, les taux de change sont établis de façon arbitraire. Supposons que le taux de change entre la monnaie du pays A et la monnaie du pays B soient établis arbitrairement, soit : 1 UMa = 1UMb. Dans ce cas, on constate que si l'on détient 1 UMa on peut acheter 1 UP dans le pays A et 0,1 UP dans le pays B ; on constate que si l'on détient 1 UMb on peut acheter 1 UP dans le pays A et 0,1 UP dans le pays B. Ce sont de tels constats qui amènent les économistes et politiques à affirmer que la main-d'œuvre est dix fois moins chère dans le pays A que dans le pays B. Toutefois, ces économistes et politiques passent sous silence le fait que le pays A, pour acheter une unité de produit dans le pays B, doit exporter 10 UP. Ils passent donc sous silence le fait que les échanges entre ces deux pays ne sont pas réalisés dans le respect de l'équivalence. Ils se moquent de savoir que certains pays sont pillés par d'autres. La responsabilité de cette situation incombe aux dirigeants économiques et politiques des pays et aux dirigeants des organisations internationales telles que le FMI.

VI. L'affirmation fausse selon laquelle les produits de marque réalisés par les entreprises de certains pays sont des produits de contrefaçon

Les contrefaçons concernent essentiellement les produits de marque. Nous devons distinguer néanmoins deux sortes de contrefaçons. Les contrefaçons qui présentent toutes les qualités du produit de la marque et celles qui ne les présentent pas. Par définition, les produits de ces deux sortes de contrefaçons ne sont pas comparables et, en principe, ces produits n'entrent pas en concurrence sur le marché par les circuits normaux. Les producteurs de la deuxième sorte de produits doivent être sanctionnés, car ils induisent en erreur les consommateurs sur la qualité des produits. De tels produits peuvent même être néfastes, il en est ainsi, par exemple, des produits pharmaceutiques et ils doivent être interdits. Dans cette étude, nous nous intéresserons donc uniquement aux produits de la première sorte.

D'une façon générale, on qualifie de contrefaçons les produits de marque réalisés dans certains pays par les entreprises qui ne portent pas le nom de la marque, produits vendus dans ces mêmes pays ou dans d'autres pays. Or, la mondialisation actuelle permet de démontrer que certains produits estampillés par une marque et vendus par les enseignes qui portent leur nom doivent être considérés, selon cette définition et analytiquement, comme des produits de contrefaçon. En effet, actuellement, certains produits, vendus par les enseignes de marques elles-mêmes, sont réalisés par les entreprises qui portent ou ne portent pas les noms desdites marques, dans certains pays où les monnaies sont sous-évaluées. Un exemple permet de savoir s'il est possible de distinguer rationnellement les deux situations suivantes. Supposons une entreprise de marque qui fait fabriquer les produits de sa marque dans un pays où la monnaie est sous-évaluée. Ces produits sont importés et vendus par l'entreprise de la marque dans les pays où les monnaies sont surévaluées par rapport à la monnaie du pays où ces produits sont réalisés. Dans ce cas, ces produits n'appartiennent pas à l'entreprise de marque, ils sont seulement vendus par elle ; ils appartiennent au pays où ils ont été réalisés. Supposons maintenant une entreprise qui fabrique des produits de la même marque, de la même qualité que dans le cas précédent, dans un pays où la monnaie est sous-évaluée. Ces produits aussi sont importés et vendus dans les pays où les monnaies sont surévaluées par rapport à la monnaie du pays où ces produits sont réalisés. Dans ce cas aussi, ces produits appartiennent au pays où ils sont réalisés. La seule différence est que, dans ce cas, ce n'est pas l'entreprise de la marque qui les importe et les vend dans d'autres pays.

Ces deux situations sont identiques analytiquement. En fait, ce qui les différencie, c'est seulement le nom ou la qualification des vendeurs de ces produits dits de marque. Dans les deux cas, des produits similaires sont importés d'un pays où la monnaie est sous-évaluée pour être vendus dans des pays où les monnaies sont surévaluées par rapport à la monnaie du pays où ces produits sont réalisés. Par conséquent, soit l'on doit qualifier l'ensemble de ces produits de contrefaçons, soit l'on ne doit pas les qualifier de la sorte. Dans tous les cas, la décision des financiers des entreprises de marque de délocaliser leur production ou leurs entreprises a des effets néfastes sur la situation de l'emploi dans leur pays d'origine. En fait, les financiers des entreprises de marque, en qualifiant de contrefaçons les produits similaires à ceux de leurs marques, importés et vendus dans certains pays, font croire qu'ils défendent les intérêts de leur pays d'origine. Or, en réalité il n'en est rien, ils défendent uniquement leur propre intérêt au détriment de la situation de l'emploi dans leur pays d'origine. Les politiques qui défendent les financiers de ces entreprises de marque en traquant par des amendes et des mesures répressives lesdits produits de contrefaçon, sont soit ignorants, soit sous l'influence de ces financiers, soit les deux à la fois. Ils sont ignorants, car ils ne voient pas ou ils passent sous silence les effets néfastes de ces délocalisations sur l'emploi dans leur propre pays. Ils sont sous l'influence de ces financiers, car ils veulent préserver les marges de profit des entreprises dites de marque et donc préserver la rentabilité des placements de ces financiers. En effet, ces produits dits de marque sont importés, ils sont vendus par les magasins qui portent le nom de la marque comme par ceux qui ne le portent pas, situation susceptible de faire baisser les marges de profit sur ces produits, à cause de la concurrence entre ces deux ensembles de magasins.

Avant la mondialisation dite de la production, les entreprises de marque produisaient leurs produits dans leur pays d'origine et les vendaient partout dans le monde. Certaines entreprises produisaient dans ces mêmes pays mais surtout dans d'autres pays (essentiellement ceux où les monnaies étaient sous-évaluées) des produits qu'elles présentaient sur le marché sous le nom de produits de marque. Ces produits étaient considérés alors comme des produits de contrefaçon, et il était interdit de les vendre sous le nom des produits de marque. Ainsi, avant la mondialisation dite de la production, les politiques qui défendaient les marques défendaient à la fois les emplois dans leur pays et l'intérêt des financiers des entreprises de marque.

Or, actuellement, la très grande partie des produits vendus par les magasins qui portent le nom de la marque et par les magasins qui ne portent pas le nom de la marque (et donc ne paient pas de royalties aux financiers des produits de marque) sont produits dans d'autres pays que le pays d'origine de la marque et parfois par les mêmes entreprises. Dans ce cas, pour le pays d'origine des marques la situation est identique, que ces produits importés soient vendus par des magasins de marque ou par d'autres magasins. On ne voit donc pas pourquoi les dirigeants de ces pays devraient prendre des mesures pour défendre les uns et réprimer les autres. En réalité, lorsque les produits sont similaires, le problème posé pour qualifier de marque une partie de ces produits et pour qualifier de contrefaçon une autre partie est un problème de royalties destinées aux financiers des produits de marque.

VII. La théorie néoclassique au service des catégories à qui profite l'application des règles arbitraires établies par cette théorie

La théorie néoclassique n'a pas de fondement rationnel, de ce fait, elle est compatible avec toutes sortes de règles arbitraires. Depuis environ un siècle, ces règles arbitraires ont permis de tisser une toile d'araignée de plus en plus vaste afin d'élargir le champ des possibilités et les conditions d'une augmentation de plus en plus vaste des prélèvements indus et illégitimes. En fait, les règles arbitraires ont eu pour objectif dans un premier temps "de légitimer" les prélèvements indus, de rendre indétectables (dans le cadre de l'analyse néoclassique, qui est la théorie de référence, car elle est devenue dominante) les prélèvements illégitimes, ensuite elles ont permis d'élargir le champ de la spoliation de la majorité de la population par une minorité de par le monde. Suivons le cheminement de l'apparition de ces règles arbitraires et les conséquences de leur application.

1° Les néoclassiques supposent qu'il existe plusieurs facteurs de production. C'est ainsi qu'ils ont justifié et donc "légitimé" la rémunération du capital. Ils ont aussi établi une règle arbitraire : être propriétaire et épargnant donne un droit sur une partie du produit. Mais nous avons vu que l'hypothèse qui fonde la détermination de la répartition néoclassique est une fiction et qu'en outre, en réalité et en dernière analyse, le versement des dividendes et le payement des intérêts sont puisés dans le profit qui représente une partie du revenu des travailleurs. En fait, le niveau de rémunération du capital dépend du niveau du profit. Il existe deux sortes de profits : profit normal et profit inflationniste[4]. Le profit normal représente une partie du revenu des travailleurs, c'est pourquoi j'appelle la rémunération du capital, par le profit normal, un prélèvement indu (un vol

[4] Précisons que les néoclassiques ne parlent pas du profit normal, car le profit n'est pas compatible avec le système néoclassique à l'équilibre. Ils ne parlent pas non plus du profit inflationniste, car la théorie néoclassique se trouve dans l'impossibilité de distinguer la dépense du revenu de la dépense de la monnaie sur le marché des produits.

légitimé). Le profit inflationniste résulte de la dépense de la monnaie sur le marché des produits. Mais la monnaie n'a pas de droit légitime sur le produit, c'est pourquoi je dis que la monnaie dépensée sur le marché des produits exerce un prélèvement illégitime (un vol que la théorie néoclassique ne peut pas détecter). Toutefois, le profit inflationniste augmente le taux de profit et, par conséquent, le taux de rémunération du capital. La confusion monnaie-revenu par le système bancaire et le financement monétaire du défit budgétaire de l'Etat constituent les principales causes de l'apparition d'un profit inflationniste (inflation-déséquilibre).

Or, l'augmentation du capital fait baisser le taux de profit normal (même si la masse des profits ne diminue pas), par conséquent, elle fait baisser le taux de rémunération du capital. En effet, la théorie néoclassique confirme ce résultat : l'augmentation du capital sur une quantité donnée de travail fait baisser la productivité marginale du capital et par là même sa rémunération. Les néoclassiques savaient donc que la baisse du taux de rémunération du capital allait se produire. Pour faire face à cette situation prévisible, depuis plusieurs décennies ils ont pris des mesures, préparé des conditions et solutions, et imposé des règles arbitraires pour maintenir sinon améliorer le taux de rémunération du capital. Les taux de change, établis dans le non-respect de la parité des pouvoirs d'achat, ont offert aussi aux auteurs néoclassiques et néolibéraux une magnifique occasion de proposer une solution afin de faire face à la baisse du taux de rémunération du capital. Cette solution a été la mondialisation dite de la production. Et, pour pouvoir réaliser cette mondialisation, il leur a donc fallu proposer, imposer, de nouvelles règles (arbitraires).

2° Les taux de change actuels font apparaître les monnaies de certains pays sous-évaluées et donc les monnaies d'autres pays surévaluées. Ces taux de change, établis arbitrairement, permettent de constater que la main-d'œuvre est moins "chère" dans les premiers pays que dans les seconds. C'est ce constat qui a amené certains financiers d'entreprises à prendre la décision de délocaliser leur production et par la suite leurs entreprises, dans les pays où les monnaies sont sous-évaluées afin de vendre les produits ainsi réalisés dans les pays où les monnaies sont surévaluées. Mais cela nécessitait de mettre en œuvre certaines mesures et de nouvelles règles. Ce sont donc les organisations internationales telles que la Banque Mondiale, l'OMC et le FMI qui ont pris ces mesures et établi ces nouvelles règles (cf. 3°, 4° et 5°). Or, nous l'avons vu, si les délocalisations sont bénéfiques aux financiers des entreprises qui délocalisent, elles ont, en revanche, des conséquences néfastes pour les pays dont les entreprises délocalisent et pour les pays où ces entreprises s'implantent. Elles sont l'une des principales causes du chômage actuel dans les premiers pays et du pillage des seconds.

3° Les néoclassiques et néolibéraux constatent aussi que certains pays émergents et en développement se trouvent dans l'impossibilité d'assurer les charges de leur dette extérieure. Cette impossibilité débouche sur une "crise de la dette" qui, fait-on croire, risque de mettre en péril l'ensemble du système bancaire et financier au niveau international. Les organisations internationales, dont la Banque Mondiale, interviennent alors pour écarter ce risque. Elles proposent des mesures, des programmes d'ajustement structurel. L'une des principales mesures proposées et appliquées est que les pays endettés échangent leur dette extérieure contre la vente de leurs entreprises. Les financiers, nouveaux propriétaires de ces entreprises, décident d'exporter les produits de leurs entreprises dans les pays où les monnaies sont surévaluées par rapport aux monnaies des pays où ces produits sont réalisés, la différence des taux de change leur permettant de réaliser des profits substantiels. Pour faciliter l'exportation d'une partie ou de la totalité de ces produits vers les pays où les monnaies sont surévaluées, l'OMC doit intervenir. Cette organisation internationale propose, au nom du libre échange et sous prétexte de favoriser l'évolution économique des pays émergents et en développement, de supprimer les droits de douane et les taxes sur les importations. Mais elle passe sous silence le problème important des taux de change qui sont actuellement établis arbitrairement.

4° L'importation de ces produits dans les pays où les monnaies sont surévaluées par rapport à celles des pays où ils sont réalisés crée une concurrence inégale entre les produits importés et les produits réalisés dans les pays importateurs. Cette concurrence inégale met en danger l'avenir des entreprises des pays où les monnaies sont surévaluées, entreprises qui risquent de faire faillite. Ce risque incite les financiers des entreprises de ces pays à délocaliser leur production et même leurs entreprises.

5° Pour faciliter les mouvements des capitaux financiers et donc les délocalisations, le FMI, sous l'influence des financiers, propose, impose même aux pays membres de cette organisation internationale la règle arbitraire de la libre circulation des capitaux. La mondialisation du marché financier est l'une des conséquences de l'application de cette règle. Cette mondialisation augmente les risques de crises financières au niveau mondial. En outre, elle engendre une confusion entre les financements internes et externes pour les pays membres de cette organisation internationale. Ainsi, lorsque les entreprises et les Etats lancent des emprunts, ils ne sont même pas censés savoir si les prêts qui leur sont accordés viennent de l'intérieur de leur pays ou de l'étranger (cette situation facilite le placement, recyclage, de la liquidité internationale, l'évasion des capitaux, etc.).

6° La mondialisation du marché financier a amené certains Etats à financer leur déficit budgétaire par des emprunts réalisés sur le marché financier international. Aujourd'hui les agences de notation entrent en jeu pour établir un classement de la situation de l'endettement des Etats. Ce classement permet de déclarer que certains pays sont surendettés. Les pays surendettés soit ne peuvent plus emprunter sur le marché mondialisé, soit sont obligés d'emprunter à des taux d'intérêt exorbitants, ce qui rend encore plus hypothétiques leurs possibilités de remboursement.

Pour faire face à cette situation, on présente, sous l'influence des financiers, trois scénarios, on impose trois contraintes, aux pays surendettés : (i) d'autres pays doivent se porter garants de leurs emprunts ; (ii) le FMI doit intervenir ; ou (iii) il faut faire jouer la combinaison des deux, ce qui représente la majorité des cas. (Ces contraintes ont pour objectif de couvrir les risques pris par les organismes financiers.) Le rôle principal est joué par le FMI qui, pour accorder son aide aux pays endettés, leur propose comme solution des programmes d'ajustements dits structurels. Les deux principales contraintes incluses dans ce programme sont la baisse des dépenses de ces Etats et la privatisation des entreprises publiques. La première contrainte les oblige à baisser ou à bloquer la rémunération des agents de l'Etat, à effectuer des coupes drastiques dans les dépenses sociales, dans les dépenses de l'éducation, de la santé, etc. Toutefois, si l'application de cette contrainte fait baisser les dépenses de l'Etat, entraînant alors des conséquences néfastes pour la population, elle n'a, en revanche, aucun effet sur la condition du remboursement de sa dette extérieure. En effet, pour qu'un pays puisse rembourser sa dette extérieure, il faut qu'il réalise une balance commerciale excédentaire. Or, actuellement, la majorité de ces pays endettés n'ont pas la possibilité de satisfaire à cette condition (on voit là l'objectif partisan). Le constat d'impossibilité de remboursement fait intervenir à nouveau le FMI qui leur propose comme solution, dans le cadre de son programme d'ajustements structurels, la vente de leurs entreprises publiques aux créanciers (programmes déjà imposés aux pays émergents et en développement ayant un problème pour faire face à leur endettement extérieur). La libre circulation des capitaux financiers permet aussi de faire sortir de ces pays le profit réalisé par ces entreprises pour le placer là où la rentabilité est la plus élevée.

Cette façon de financer le déficit budgétaire de l'Etat ne respecte pas deux des règles du fonctionnement normal de l'économie : premièrement, aucun pays ne doit faire appel à la monnaie d'un autre pays pour financer son déficit budgétaire ; deuxièmement, le déficit budgétaire ne doit pas être financé par la monnaie.

Dénonçons une autre anomalie du fonctionnement actuel du système financier, toujours propice aux financiers. En fait, l'une des justifications des taux d'intérêt imposés par les banques est la prime de risque sur les prêts qu'elles accordent. Ainsi, lorsque les emprunteurs remboursent leurs dettes, les banques encaissent les intérêts et les primes de risque. Mais lorsque les emprunteurs se trouvent en difficulté, les banquiers crient au loup, ils avancent le spectre de la crise, ils veulent que d'autres Etats et les organisations internationales prennent en charge le remboursement de la dette des Etats défaillants. Or, la très grande majorité de ces financiers et banquiers disent être de farouches partisans du marché libre, arguant des règles arbitraires des néoclassiques et même sans règles d'après l'exigence des néolibéraux, ils dénoncent toute intervention des Etats et des organisations internationales dont l'objectif est de réguler le fonctionnement des marchés financiers. On voit apparaître une contradiction dans leurs exigences. D'une part, ils ne veulent pas d'intervention tant qu'ils encaissent régulièrement des intérêts et des primes de risque. D'autre part, ils demandent l'intervention, l'aide des Etats et des organisations internationales, dès qu'apparaît un risque de non-paiement des prêts. Ils veulent garder les intérêts et les primes de risque et faire assumer les pertes par les Etats et les organisations internationales. En réalité, leur principal objectif est de pouvoir faire toujours plus d'argent avec de l'argent, sans se soucier du reste.

Chapitre III

Courants de pensée et théories économiques partisanes

I. Introduction

Les méthodes employées par les courants de pensée évoqués dans ce chapitre pour établir des théories économiques sont fondées soit sur des observations, soit sur des hypothèses, soit sur les deux à la fois. Or, en économie, la méthode fondée sur des observations aboutit soit à établir des théories qui avancent des affirmations fausses, soit à justifier des situations établies, soit les deux à la fois. L'application des règles établies par de telles théories donne, par définition, les mêmes résultats que ceux déjà obtenus par les observations, ce qui signifie qu'on renouvelle les situations établies. La méthode fondée sur des hypothèses ouvre la voie à l'arbitraire. Ces méthodes, en économie, ont essentiellement pour objectif de justifier et donc de légitimer les revenus de certaines catégories, en ce sens, les théories établies par de telles méthodes doivent être qualifiées de partisanes.

Dans mes précédents ouvrages, (en particulier *Méthodologies économiques et éthique scientifique*) je démontre de façon détaillée les raisons pour lesquelles les théories économiques et les courants de pensée évoqués dans ce chapitre doivent être considérés comme partisans. J'établis que ces théories n'ont pas de fondement rationnel et qu'elles sont, de ce fait, compatibles avec toutes sortes de règles arbitraires dont l'application permet d'atteindre leur objectif, qui est de défendre les intérêts de certaines catégories. J'établis que les auteurs de ces courants de pensée, pour établir leurs théories, ne respectent pas l'éthique scientifique. Dans le présent ouvrage, je présente quelques exemples susceptibles de mettre en évidence leur caractère irrationnel et leur objectif partisan.

II. Les mercantilistes

L'étude menée par les mercantilistes n'est pas fondée sur un raisonnement rigoureux. Pourtant certaines de leurs idées ont dominé et préoccupent encore les économistes et hommes politiques. L'étude des mercantilistes est fondée soit sur des affirmations, soit sur des observations qui leur permettent d'avancer d'autres affirmations, toujours sans fondement rationnel. Et, forts de ces affirmations, ils formulent des exigences afin d'atteindre leur principal objectif partisan. Quelques exemples : (i) ils affirment que la richesse d'une nation est proportionnelle à la quantité d'or et d'argent qu'elle détient, c'est pourquoi ils sont favorables aux exportations nettes pour faire entrer dans leur pays de l'or et de l'argent ; (ii) ils affirment que la monnaie a un pouvoir d'achat ou une valeur, car ils constatent que lorsque l'on a de la monnaie, on peut exercer un pouvoir d'achat ; (iii) ils affirment que le niveau élevé des salaires monétaires constitue un obstacle à la réalisation d'une balance commerciale excédentaire, c'est pourquoi ils préconisent un bas niveau des salaires monétaires. Ils sollicitent l'intervention de l'Etat afin de favoriser les exportations et de limiter les importations.

Etudions les limites de ces affirmations et les conséquences de l'application de leurs exigences.

1° En assimilant le symbole de la richesse à l'or et à l'argent, et le niveau de la richesse à la quantité d'or et d'argent que détient un pays, les mercantilistes ont prôné le développement des colonies pour obtenir cet or et cet argent si convoités, ce qui n'était qu'une sorte de spoliation des pays colonisés. Ils ont aussi exigé l'établissement du protectionnisme par tous les moyens afin de favoriser les exportations et la réalisation d'une balance commerciale excédentaire. Or, il faut savoir que les pays qui ont appliqué ces propositions et accumulé ainsi l'or et l'argent ont bafoué l'éthique, du fait de la spoliation des pays colonisés, et qu'ils ont donné à certaines catégories la possibilité de spolier les titulaires de revenu ayant participé à la réalisation de la production dans leur propre pays. Les mercantilistes, du fait qu'ils considèrent la monnaie comme un pouvoir d'achat positif, ne peuvent pas distinguer la dépense du revenu monétaire de la dépense de la monnaie sur le marché des produits (voir 2° et 3°). En outre, leur raisonnement ne leur permet pas de percevoir que l'objectif des échanges internationaux ne doit pas être la réalisation d'une balance commerciale excédentaire, mais la réalisation de l'enrichissement mutuel, qui passe par la réalisation d'une balance commerciale équilibrée.

2° La recherche de l'accumulation de ces symboles de richesse a amené les mercantilistes à prôner la réalisation d'une balance commerciale excédentaire. C'est cet objectif qui préoccupe aujourd'hui encore les hommes politiques. Or, une balance commerciale excédentaire engendre, dans le pays qui la réalise, une demande sans offre, elle n'est donc pas favorable aux titulaires de revenu dans le pays considéré. En fait, une balance commerciale excédentaire diminue, pour le montant des excédents, le pouvoir d'achat réel dans le pays qui la réalise. En outre, les mercantilistes confondent monnaie et revenu, ce qui ouvre la voie aux prélèvements illégitimes sur le revenu réel des titulaires d'un revenu monétaire ayant participé à la réalisation de la production, du fait de l'entrée d'or et d'argent dépensés sur le marché des produits. Il n'aura pas échappé aux lecteurs attentifs que les exportations nettes diminuent à deux niveaux le pouvoir d'achat réel des titulaires de revenu : une première fois lorsque les exportations nettes sont réalisées, une seconde fois lorsque le résultat des exportations nettes (or et argent) est dépensé sur le marché des produits de la nation considérée. C'est pourquoi on peut parler de la spoliation des titulaires d'un revenu légitime.

3° L'un des problèmes des mercantilistes, problème qui préoccupe encore actuellement certains économistes, est la détermination du pouvoir d'achat de la monnaie (certains disent même : de la valeur de la monnaie) et c'est ce qui a retardé l'évolution de l'analyse économique en l'attirant sur une fausse piste. La théorie quantitative étant devenue un paradigme, la critique ne s'est pas préoccupée de connaître sa rationalité et les auteurs dans leur ensemble se sont contentés d'affiner les composantes de l'équation quantitative.

En effet, dès 1568, Jean Bodin attribue la hausse des prix à l'afflux de métaux précieux en provenance des Amériques et il tente d'établir une relation selon laquelle le pouvoir d'achat de la monnaie est inversement proportionnel à la quantité d'or et d'argent qui entre dans les transactions au sein d'une nation. Cette relation constitue le point de départ d'une longue controverse qui aboutit au XIXe siècle à ce qu'on appelle : « La théorie quantitative de la monnaie ». Selon cette théorie, la valeur, ou le pouvoir d'achat de la monnaie, quelle que soit sa nature (qu'elle soit or, argent, monnaie de papier ou monnaie de crédit) est déterminée par sa quantité en circulation, cette valeur étant inversement proportionnelle à sa quantité par rapport à la quantité de produits qui entrent dans les échanges. La théorie monétaire actuellement dominante est toujours fondée sur cette théorie quantitative qui n'est en fait d'aucune utilité dans l'analyse monétaire de l'économie salariale. En effet, l'étude des mercantilistes ne permet pas de concevoir que ce n'est pas la monnaie, mais le revenu qui a un droit légitime sur les produits. Dans une économie artisanale, ce sont les ventes qui financent les achats, ce qui signifie que le revenu des artisans est déterminé au moment des échanges. Dans une économie salariale, le revenu est formé à la production dans l'acte de la rémunération des travailleurs.

4° L'objectif qui consiste à réaliser une balance commerciale excédentaire a amené les mercantilistes, dont W. Petty[5], à prôner les « bas salaires », idée encore agréée par certains hommes politiques et économistes. Toutefois, il est important

[5] Petty propose de maintenir élevé le prix du blé dans les années de bonnes récoltes afin d'éviter que les travailleurs ne se nourrissent trop facilement et qu'ils ne montrent leur mauvaise humeur.

de remarquer que ce n'est pas le niveau des salaires monétaires, considérés dans leur ensemble, qui se trouve être à l'origine de la misère des travailleurs. Le bas niveau du pouvoir d'achat réel des travailleurs, par rapport à la production qu'ils réalisent, trouve son origine, d'une part, dans le résultat positif net de la balance commerciale, d'autre part, dans la dépense sur le marché des produits de la monnaie qui résulte des exportations nettes, enfin dans la monnaie qui est directement dépensée sur le marché des produits, c'est-à-dire sans avoir été transformée en revenu.

La principale lacune de l'étude des mercantilistes réside dans le fait qu'ils n'expliquent ni la source du revenu ni sa formation. Une étude de ce type ne peut pas échapper à l'arbitraire, puisqu'elle ne fait pas apparaître de distinction entre la dépense du revenu et la dépense de la monnaie sur le marché des produits.

De fait, le raisonnement et les exigences des mercantilistes sont partisans. Les mercantilistes ont créé, consciemment ou inconsciemment, les conditions de l'enrichissement de certaines catégories au détriment des autres. L'application de leurs idées et de leurs exigences favorise l'enrichissement des financiers, des marchands, des entrepreneurs considérés dans leur ensemble et de tous ceux qui bénéficient de l'entrée d'or et d'argent dans le pays, entrée qui résulte de la spoliation des pays colonisés et d'une balance commerciale excédentaire, au détriment du revenu réel des travailleurs qui ont participé à la réalisation de la production. L'étude des mercantilistes n'est pas fondée sur un raisonnement rigoureux, elle est descriptive et partisane, c'est pourquoi l'application de leurs exigences et des règles établies par eux a toutes les conséquences néfastes que nous venons d'évoquer.

III. Les physiocrates

Les physiocrates font une intéressante description de l'économie à dominante agricole et expliquent, à travers leur Tableau économique, les relations d'échange existant entre le secteur agricole et les autres secteurs de l'économie, mais ils tentent aussi de justifier les achats des propriétaires de terres cultivables, propriétaires qui ne participent pas à la réalisation de la production. Or, dans toute économie, pour participer aux échanges ou exercer un pouvoir d'achat, il faut avoir soit un produit soit un revenu. Autrement dit, il faut pouvoir expliquer comment on obtient un produit destiné à l'échange et savoir quelle est la source du revenu qui permet de réaliser un achat. Ainsi l'un des objectifs des physiocrates étant d'expliquer la circulation des marchandises à travers leur Tableau économique, ils doivent expliquer comment, dans leur système, une classe qui ne prend pas part à la réalisation de la production obtient un revenu lui permettant de participer aux achats. Le problème est donc de savoir si l'explication de la répartition par les physiocrates a un fondement rationnel, de savoir, en particulier, s'ils peuvent déterminer la source du revenu et comment ils pensent justifier le revenu des propriétaires, en d'autres termes de savoir comment ils justifient les achats des propriétaires qui ne participent ni à la réalisation de la production, ni à la réalisation des ventes qui leur permettraient d'avoir un revenu. En effet, dans le Tableau économique, la classe des propriétaires est la seule à acheter sans vendre.

L'un des apports importants de cette école de pensée est d'avoir posé le problème de la détermination de la cause de l'enrichissement d'une société, mais sa limite est de ne pas avoir réussi à le résoudre de façon rationnelle. Les physiocrates ont mené une étude descriptive qui s'est avérée partisane elle aussi, comme celle des mercantilistes. Cette étude descriptive les a amenés à justifier, grâce à certaines hypothèses, le revenu d'une classe qui ne participe pas à la réalisation de la production, c'est pourquoi on peut considérer que cette étude est fondée sur un raisonnement hypothético-déductif qui a un objectif partisan. En fait, les physiocrates tentent de justifier une situation établie, celle des propriétaires des terres. Nous allons voir comment ils justifient, par des hypothèses, le revenu des propriétaires, pour savoir si leurs hypothèses ont des fondements rationnels et quelles sont les conséquences de l'application de certaines règles déduites de leur raisonnement.

François Quesnay, l'un des principaux physiocrates, commence ainsi son ouvrage intitulé *Tableau économique des physiocrates* : « La nation est réduite à trois classes de citoyens : la *classe productive,* la *classe des propriétaires* et la *classe stérile.*

La *classe productive* est celle qui fait renaître par la culture du territoire les richesses annuelles de la nation, …

La *classe des propriétaires* comprend le souverain, les possesseurs des terres et les décimateurs. Cette classe subsiste par le revenu ou *produit net* de la culture, qui lui est payé annuellement par la classe productive, sur la reproduction qu'elle fait renaître annuellement…

La *classe stérile* est formée de tous les citoyens occupés à d'autres services et à d'autres travaux que ceux de l'agriculture… » ([1969], p. 45-46, souligné par l'auteur). Cette distinction des classes faite par les physiocrates découle de l'observation de la réalité économique de la société française de l'époque. Dans leur étude, ils tentent d'expliquer comment chaque classe obtient ses ressources économiques. L'analyse des physiocrates a influencé, par la suite, les analyses des différents courants de pensée dans les domaines de la détermination et surtout de la justification, par certains auteurs, du revenu de la classe des propriétaires des moyens de production : terre et capital.

Les physiocrates supposent que la terre, la nature, est la mère de toutes les richesses créées annuellement dans une nation. Ils tentent de justifier cette hypothèse par le fait que le secteur agricole est le seul secteur qui permette de dégager un produit net ou surplus. Toutefois, une deuxième hypothèse leur est nécessaire pour faire apparaître le produit net. Ils supposent que le revenu ou salaire de ceux qui travaillent sur la terre qui ne leur appartient pas est inclus dans ce qu'ils appellent les avances (tout ce qui est nécessaire à la préparation de la terre et de sa mise en culture), hypothèse qui leur permet d'affirmer que le produit net représente la différence entre le produit brut ou total et les avances. Par ces hypothèses, ils réunissent les conditions qui leur permettent de faire apparaître le produit net et de justifier son appropriation par les propriétaires de la façon suivante : la terre étant la source de la richesse, et la terre appartenant aux propriétaires, c'est naturellement, selon eux, que le produit net doit échoir aux propriétaires de la terre.

Il est important de remarquer que c'est l'application de leurs hypothèses qui permet de confirmer le constat de la réalité de l'époque. Toutefois, pour connaître la portée et les limites de l'hypothèse dont l'application fait apparaître le produit net, il faut connaître le contenu de ce que les physiocrates appellent les avances annuelles. Selon eux, ces avances consistent en dépenses faites pour la mise en œuvre des cultures, telles que semences, engrais et frais d'entretien des animaux, *des cultivateurs et des salariés* du secteur agricole. On constate que les frais d'entretien de ceux qui travaillent sur la terre, mais qui ne sont pas propriétaires de la terre sur laquelle ils travaillent, sont mis sur le même plan que les semences, engrais, frais d'entretien des animaux, etc. On doit bien admettre que les physiocrates établissent une déduction qui découle logiquement de leurs hypothèses. L'observation de la réalité de l'époque confirme le résultat obtenu par leur analyse. Mais le problème est de savoir si leurs hypothèses sont rationnelles ou partisanes et influencées par l'observation de la réalité d'une époque et si l'application des règles qui résultent de leur étude permet de déterminer une répartition qui respecte l'éthique scientifique et l'éthique tout court.

L'analyse des physiocrates est influencée par l'observation de la réalité. Les auteurs de cette école de pensée distinguent trois classes, dont l'une vit du revenu de ses propriétés foncières. Ils émettent des hypothèses qui leur permettent de justifier le revenu des propriétaires des terres cultivables, de ce fait, ils mènent une étude partisane qui aboutit, en dernière analyse, à justifier le droit naturel. Autrement dit, ils justifient le fait qu'être propriétaire donne un droit sur une partie du produit.

Or, l'étude des physiocrates ne respecte pas l'éthique scientifique et son application engendre des conséquences sociales. Premièrement, tous ceux qui travaillent sur les terres qui ne leur appartiennent pas sont mis au même niveau que les semences, les animaux, etc., car leurs rémunérations ou les produits destinés à leur entretien constituent l'un des éléments qui composent les avances. Aussi peut-on dire, en dernière analyse, que ces travailleurs sont considérés comme un capital ou sont ravalés au même rang que les animaux. Deuxièmement, en supposant que la terre est source de richesse, les physiocrates supposent que c'est la terre qui est la source de la création de richesse, la cause de la production et que c'est la terre qui donne un produit net. Ainsi, si l'on respecte la logique de leur étude, le produit net de la terre doit-il échoir à la terre. Mais comme la terre ne peut pas exercer de pouvoir d'achat, ce sont les propriétaires qui reçoivent la contrepartie monétaire du produit net de leurs terres. L'application de ce résultat ouvre la voie à des rémunérations par délégation et l'acceptation de la rémunération par délégation permet de justifier l'esclavagisme ; la consommation des esclaves peut être assimilée à une consommation productive, en langage physiocratique, à une avance. En effet, dans le système esclavagiste, ce sont les esclaves qui réalisent la production et les propriétaires des esclaves s'approprient la partie du produit qui dépasse la consommation (l'entretien) des esclaves. Or, l'esclavage est incompatible avec l'éthique d'une société libre. De fait, dans l'étude des physiocrates, les travailleurs qui sont à l'origine de l'apparition du produit net sur les terres qui ne leur appartiennent pas sont traités comme des esclaves; Ils sont apparemment libres de leurs mouvements mais ils sont néanmoins entretenus matériellement comme le sont les esclaves.

Un autre problème est de savoir si la justification par les physiocrates de l'apparition du produit net s'applique en toutes circonstances ; c'est là une exigence due au fait qu'une théorie doit avoir une portée universelle. Supposons que la terre appartienne à ceux qui la cultivent. Dans ce cas, les cultivateurs s'approprient le produit qu'ils ont réalisé par leur travail sur leur terre, et leur revenu réel représente la différence entre leur produit et les avances (semences, engrais et frais d'entretien des animaux). Ce cas ne fait pas apparaître le produit net, mais le revenu des cultivateurs. En d'autres termes, en l'absence de l'hypothèse selon laquelle le revenu des cultivateurs représente l'un des éléments qui composent les avances, le produit net n'apparaît plus. En outre, une fois cette hypothèse écartée, la justification selon laquelle la terre est la source de la richesse ne tient plus. En effet, c'est cette hypothèse qui est à l'origine de l'apparition du produit net et qui permet aux physiocrates d'affirmer que seule la terre est productive.

Dans cette étude, nous pouvons constater que ce sont des hypothèses tendancieuses qui permettent de justifier et donc de légitimer le revenu de certaines catégories qui ne participent pas à la réalisation de la production. En fait, nous voyons là les limites d'une étude fondée sur des hypothèses non rationnelles.

Il semble qu'on puisse affirmer que la justification du revenu des propriétaires des capitaux industriels trouve son origine dans les hypothèses des physiocrates (hypothèses qui font apparaître le produit net et déterminent son appropriation par les propriétaires), hypothèses partisanes. La généralisation de ces hypothèses aboutit à ceci : être propriétaire donne droit à une partie du produit. En effet, certains propriétaires des terres cultivables sont devenus, « grâce » à la valeur vénale du produit net qui représente une partie du revenu des cultivateurs, les principaux propriétaires des moyens de production dans le secteur de l'industrie.

Or, supposer qu'être propriétaire donne un droit sur une partie du produit ne peut pas être rationnellement justifié, car le revenu ainsi perçu par les propriétaires ne résulte pas de leur participation à la réalisation de la production et, de ce fait même, l'application de cette hypothèse engendre des conséquences sociales néfastes. En effet, cette hypothèse tente de légitimer la spoliation des travailleurs qui participent à la production. Les auteurs qui avancent et qui défendent de telles hypothèses ne respectent pas l'éthique scientifique ni l'éthique sociale.

S'il est vrai que les physiocrates, en cherchant à établir la cause de la production, ont essayé de résoudre l'un des problèmes fondamentaux posés à tous les auteurs qui s'intéressent à l'analyse économique, il est vrai aussi, comme cela apparaît à travers toute leur étude, qu'ils ont cherché à justifier le droit naturel qui accorde aux propriétaires des terres cultivables une partie du produit de leur terre. Cette justification ne respecte pas l'éthique scientifique car elle est fondée essentiellement, comme nous l'avons vu, sur une hypothèse qui résulte d'un constat et qui se révèle être partisane.

L'analyse rationnelle permet de remarquer que toutes ces limites apportées à la théorie des physiocrates viennent également du fait qu'ils n'ont pas de théorie de la valeur leur permettant d'établir rationnellement la cause de la production qui, elle-même, est la source du revenu. La production étant la source du revenu dont la dépense permet d'écouler les produits, il faut déterminer la cause de la production afin de savoir qui a le droit légitime sur les produits. Or, comme nous l'avons vu, la terre ne peut pas être considérée comme la cause de la production puisqu'elle ne peut ni recevoir un revenu ni le dépenser.

En partant d'une véritable théorie de la valeur, la théorie rationnelle détermine la cause de la production et établit les prémisses de l'économie sur lesquelles sont échafaudés les principes de l'économie, de ces principes sont déduites logiquement les règles du fonctionnement normal de l'économie, tandis que les physiocrates, qui n'ont pas de théorie de la valeur et ne déterminent pas rationnellement la cause de la production, se trouvent dans l'impossibilité d'établir les règles du fonctionnement normal de l'économie, c'est pourquoi les règles établies par eux ne peuvent être qu'arbitraires. Par exemple, l'application de la règle de la répartition des physiocrates fait apparaître des gagnants (les propriétaires des terres cultivées) et des perdants (les travailleurs qui cultivent des terres qui ne leur appartiennent pas). En fait, par leur théorie, les physiocrates ont tenté de légitimer la spoliation des travailleurs qui cultivent les terres qui ne leur appartiennent pas.

IV. Des néoclassiques aux néolibéraux

Disons-le d'emblée et sans ambages, la théorie néoclassique n'a pas de fondement rationnel. De ce fait, elle est compatible avec toutes sortes de règles arbitraires. C'est pourquoi, d'une part l'application de telles règles ne permet pas d'assurer le fonctionnement normal de l'économie, d'autre part, et de ce fait même, les auteurs de cette école de pensée se trouvent dans l'impossibilité de remédier aux problèmes qui touchent l'économie de la plupart des pays.

Les néoclassiques fondent leur théorie sur des constats, hypothèses et affirmations. En fait, ils ont tenté de donner une apparence scientifique et rigoureuse à leur théorie et ils ont réussi à l'imposer. A cette fin, à l'instar de ce qui a été fait pour établir les théories de la science physique, ils ont fondé leur théorie sur des hypothèses et ont employé les mathématiques. Or, en économie il ne suffit pas d'utiliser les mathématiques pour être certain que le raisonnement sous-jacent est rigoureux. En d'autres termes, il est impossible que l'emploi des mathématiques rende rationnel un raisonnement qui n'a pas de fondement rationnel. Selon les auteurs de l'école Bourbaki "La "vérité mathématique" réside ainsi uniquement dans la déduction logique à partir des prémisses posés arbitrairement par les axiomes". (*Les mathématiques*, in L'anthologie du savoir, p.588, 2011, édité par le Nouvel Observateur et CNRS éditions.) Pour savoir si une théorie économique a ou n'a pas de fondement rationnel, il fait savoir si les prémisses (chez les néoclassiques, les hypothèses, affirmations, etc.) qui la fondent ont ou n'ont pas de fondements rationnels et réels.

Quelques exemples permettent de marquer les limites de la théorie néoclassique fondée sur des affirmations, constats et hypothèses.

1° La détermination des prix constitue le pivot de l'analyse néoclassique. C'est pourquoi les néoclassiques sont amenés à affirmer que le marché constitue l'élément central de l'analyse économique. C'est ainsi qu'ils mettent le marché au centre de leur analyse et qu'ils sont donc obligés de proposer de tout étudier, les produits, le travail, la monnaie, les ressources naturelles, etc., comme des marchandises qui peuvent être achetées et vendues sur le marché. Ils font ainsi croire que le marché détermine non seulement le prix des produits mais aussi le prix du travail (rémunération du travail), le prix du capital (rémunération du capital), le prix de la monnaie (son pouvoir d'achat), le prix des ressources naturelles (la rente), etc. Ils proposent de déterminer les prix, même dans une économie salariale, sans avoir déterminé le revenu dès la production, ce qui est un non-sens. Or, on ne voit pas comment, dans une économie salariale, une demande peut être exercée si le revenu n'est pas déterminé à la production. En réalité, les néoclassiques pensent pouvoir étudier l'économie salariale comme une économie artisanale, ce qui est non seulement une faute grave, mais aussi une vaste supercherie, et c'est là la limite absolue de leur théorie consacrée à l'économie salariale. En effet, par exemple, dans le cadre de la théorie néoclassique, le marché se trouve dans l'impossibilité de distinguer la dépense du revenu de la dépense de la monnaie sur le marché des produits, cette théorie se trouve donc dans l'impossibilité de distinguer les achats légitimes des achats illégitimes.

2° Les néoclassiques, à l'instar des mercantilistes, constatent que si l'on détient de la monnaie, on peut exercer un pouvoir d'achat sur le marché. Ce constat les a amenés à établir une relation mathématique, représentée par l'équation des échanges, entre la quantité de monnaie et la quantité de produits échangés sur le marché. En effet, l'équation des échanges constitue l'élément central de la théorie quantitative de la monnaie, chère aux néoclassiques. Cette équation permet de dire que, lorsque sur le marché la quantité de monnaie augmente proportionnellement plus que la quantité de produit, son prix, son pouvoir d'achat (sa valeur) diminue et vice-versa. Or, en économie, pour établir une théorie il ne suffit pas de partir d'un constat. Dans ce cas, pour établir une théorie monétaire, il ne suffit pas de constater que, si l'on détient de la monnaie, on peut exercer un pouvoir d'achat. Encore faut-il savoir s'il est possible d'établir rationnellement que la monnaie a un pouvoir d'achat. A cette fin, il faut préalablement établir rationnellement quelle est la source du pouvoir d'achat, mais aussi savoir comment et à l'occasion de quelle opération la monnaie se charge d'un pouvoir d'achat et se transforme en revenu. La théorie quantitative, par définition, ne s'intéresse qu'à ce qui se passe sur le marché, elle ne suit donc pas cette démarche, puisqu'elle met face à face deux quantités : la quantité de monnaie et la quantité de produit échangées sur le marché. C'est cette relation entre ces deux quantités qui, selon les néoclassiques, détermine le pouvoir d'achat de la monnaie.

En fait, la théorie monétaire fondée sur la relation quantitative a essentiellement trois limites qui permettent d'établir qu'elle n'a aucun fondement rationnel. Premièrement, la relation quantitative ne permet pas de déterminer d'où vient le pouvoir d'achat. Les néoclassiques passent donc sous silence l'action de la production qui fait apparaître le pouvoir d'achat. Ils ne s'intéressent pas au problème de savoir comment et dans quel acte la monnaie se transforme en revenu monétaire. Par conséquent, la quantité de monnaie qui entre dans les transactions est indéterminée. Deuxièmement, l'équation des échanges ne permet pas de distinguer la dépense du revenu de la dépense de la monnaie. Cette confusion entre monnaie et revenu ouvre la voie à l'arbitraire et ne permet pas de distinguer les achats légitimes des achats ou prélèvements illégitimes. Troisièmement, les néoclassiques ne veulent pas voir que la monnaie est un symbole, une unité de mesure, un moyen d'échange, elle n'a ni prix ni valeur ni pouvoir d'achat légitime. En effet, s'il n'y a pas de produit, la monnaie ne peut exercer aucun pouvoir d'achat, ce simple constat marque la limite absolue de toute théorie qui veut faire croire que la monnaie a un pouvoir d'achat. En réalité, ce n'est pas la monnaie, c'est le revenu qui donne le droit légitime sur les produits. Les néoclassiques, en introduisant une relation mathématique, voudraient donner un aspect scientifique à leur théorie monétaire. Mais l'introduction de l'équation des échanges ne donne pas à la monnaie un pouvoir d'achat qu'elle n'a pas. En fait, l'hypothèse selon laquelle la monnaie a un pouvoir d'achat n'ayant pas de fondement rationnel ni réel, la théorie quantitative de la monnaie représentée par l'équation des échanges, relation mathématique, ne peut pas avoir de fondement rationnel non plus.

3° Les néoclassiques constatent que la réalisation de la production nécessite l'emploi du travail, du capital et de la terre. Ce constat les amène à affirmer, à faire croire, qu'il existe plusieurs facteurs de production, ce qui signifie que le produit doit être partagé entre les facteurs. Or, ils confondent la cause de la production qui est le travail et les éléments techniques, naturels et matériels (capital, terre, matières premières, etc.) nécessaires à la réalisation de la production. En réalité, en faisant croire qu'il existe plusieurs causes de la production, les néoclassiques ont un objectif partisan. Ils tentent de justifier et donc de légitimer les rémunérations du capital, de la terre, etc. En dernière analyse, les néoclassiques tentent, par leur théorie, de légitimer le fait qu'être propriétaire et épargnant donne un droit sur une partie du produit. Ils tentent donc de légitimer le fait que l'on puisse gagner de l'argent avec de l'argent. Si l'on suit la théorie néoclassique, on obtient le résultat suivant : plus on a d'argent, plus on doit pouvoir en gagner, et plus on doit avoir de droits sur les produits. En fait, une théorie qui a un objectif partisan ne peut pas être scientifique et perd toute crédibilité. En fait, s'il n'y a pas de production, il est impossible de gagner de l'argent avec de l'argent, ce qui signifie que lorsqu'il y a production et que l'on gagne de l'argent avec de l'argent, on le prélève sur le revenu de ceux qui ont participé à la réalisation de la production.

4° Dès lors qu'une théorie suppose qu'il existe plusieurs facteurs de production, elle doit déterminer la part du produit qui revient à chaque facteur. A cette fin, les auteurs de cette école de pensée proposent deux sortes de déterminations de la rémunération des facteurs de production : marginaliste et walrasienne.

Premièrement, pour déterminer la répartition, les néoclassiques marginalistes avancent une hypothèse selon laquelle les facteurs de production sont substituables. Nous l'avons vu, cette hypothèse signifie qu'il est possible d'employer sur une quantité d'un facteur considéré comme fixe n'importe quelle quantité d'un autre facteur considéré comme variable. Pour donner une apparence scientifique à leur théorie de la répartition, les néoclassiques proposent une relation mathématique représentée par une fonction de production. C'est cette fonction de production qui leur permet de déterminer la rémunération des facteurs selon la productivité marginale de chaque facteur. La détermination de la rémunération des facteurs par leur fonction de production fait apparaître trois phases : rendements croissants, rendements constants et rendements décroissants. Mais les néoclassiques ne peuvent retenir que la phase des rendements décroissants. En fait, dans les deux premières phases, la rémunération des facteurs selon leur productivité marginale est impossible. Par exemple, dans la phase des rendements croissants, la rémunération des facteurs, déterminée par leur fonction de production, dépasse la quantité de produit réalisée, ce qui est gênant. C'est pourquoi ils choisissent la phase des rendements décroissants ; dans cette phase, au fur et à mesure que la quantité du facteur variable augmente, sa productivité marginale (qui détermine la rémunération de ce facteur) diminue, tandis que la rémunération du facteur considéré comme fixe augmente. Or, on ne voit pas pourquoi la productivité marginale, donc la rémunération du facteur fixe, augmente, alors que ni sa quantité ni sa qualité ne changent. Cette remarque suffit à signer le caractère irrationnel de l'hypothèse qui fonde la théorie de la répartition des marginalistes. Mais allons encore plus loin pour connaître la véritable signification de cette hypothèse.

En réalité l'hypothèse selon laquelle les facteurs de production sont substituables n'est qu'une fiction. Cette hypothèse signifie, par exemple, qu'un tracteur (facteur fixe) peut être conduit à la fois par plusieurs cultivateurs (facteur variable), ou qu'un cultivateur (facteur fixe) peut conduire plusieurs tracteurs à la fois (facteur variable). Cet exemple met en évidence le caractère fictif et trompeur de cette hypothèse.

Enfin, cet exemple permet de constater que les néoclassiques sont prêts à avancer toutes sortes d'artifices pour défendre des intérêts partisans, en l'occurrence, défendre les intérêts des propriétaires des moyens de production et des épargnants qui ont prêté leur épargne aux entreprises. Or, ils passent sous silence le fait que c'est le profit qui permet aux entreprises de verser des dividendes aux actionnaires et les intérêts de leurs emprunts aux épargnants. Mais le profit est réalisé au moment des échanges, il représente donc une partie du revenu des travailleurs captée par les entreprises. Le profit monétaire représente la part du produit non appropriée par les travailleurs. En fait, pour établir les théories économiques, il n'est pas nécessaire de recourir à des hypothèses (cf. chapitre V, consacré aux principes de l'économie).

Deuxièmement, pour donner une apparence scientifique à leur théorie de la répartition, les walrasiens proposent de déterminer le prix des facteurs (leur rémunération) par des relations géométriques représentées par les courbes de l'offre et de la demande. Selon cette détermination, lorsque l'offre de travail par les travailleurs augmente par rapport à la demande de travail par les entrepreneurs, le prix du travail baisse et vice-versa. Cette détermination est fondée sur deux hypothèses. Les walrasiens supposent, d'une part, que le travail peut être considéré et étudié comme une marchandise, d'autre part que les facteurs de production sont substituables. Or, nous avons vu que ces deux hypothèses n'ont pas de fondement rationnel. On voit pourquoi les propositions des néoclassiques ne sont d'aucune utilité ni pour déterminer les rémunérations des facteurs ni pour réaliser le plein-emploi.

V. Les néolibéraux

Pour obtenir le symbole de la richesse, les mercantilistes ont tout fait pour favoriser les exportations nettes par le protectionnisme et par la colonisation. Mais la colonisation étant désormais condamnée et officiellement abolie, les néolibéraux ont préparé méthodiquement d'autres conditions permettant de faire gagner à certaines catégories encore plus d'argent avec de l'argent, quel que soit le prix à payer sur les plans économique, social, écologique, environnemental et sur le plan des conflits à l'intérieur des pays ou entre les pays.

Essentiellement trois conditions ont permis aux néolibéraux d'atteindre leur objectif. Premièrement, ils ont pris pour référence un cadre théorique leur permettant d'établir toutes sortes de règles arbitraires. En réalité, toute théorie économique qui n'a pas de fondement rationnel est compatible avec toutes sortes de règles arbitraires. De telles théories permettent de passer sous silence, de détourner, d'écarter, les règles du fonctionnement normal de l'économie. C'est le cas de la théorie néoclassique et c'est cette théorie (car elle s'est donné une apparence scientifique) que les néolibéraux vont utiliser comme théorie de référence pour mettre en place leur programme et l'appliquer méthodiquement étape par étape. Deuxièmement, au niveau national, les néolibéraux s'appuient sur des dirigeants politiques et économiques qui sont incompétents ou qui cherchent le pouvoir pour le pouvoir, ou encore qui ont été formés dans le cadre de la théorie néoclassique et qui, de toute façon, se conforment docilement à leurs exigences. Les dirigeants qui combinent deux ou plusieurs de ces caractéristiques servent encore mieux leur cause. Troisièmement, au niveau international, nous allons trouver à la tête des organisations internationales des dirigeants qui présentent l'une ou plusieurs des caractéristiques que nous venons d'évoquer concernant les dirigeants nationaux. En fait, ces conditions permettent aux néolibéraux de profiter de toutes les occasions pour proposer et imposer des réformes, des mesures, de nouvelles règles arbitraires. Ainsi les financiers, certains entrepreneurs, les affairistes, etc. profitent de toutes les occasions qui leur sont offertes pour atteindre effectivement leur principal objectif comme nous allons le voir en étudiant la mise en place d'un programme qui a mené le monde à la crise actuelle.

1° Les réformes proposées par les néolibéraux

- Ils estimaient que le fonctionnement du système bancaire national n'était pas suffisamment favorable à la réalisation de leur principal objectif et qu'il fallait donc le réformer. La réforme du système bancaire national proposée par les néolibéraux et appliquée par divers pays a imposé le décloisonnement du système bancaire. Cette réforme a permis de consacrer la confusion néoclassique entre monnaie et revenu, donc la confusion entre les achats légitimes et les achats illégitimes. Elle a, à la fois, favorisé et fragilisé les banques. Elle a augmenté les risques de crises financières à l'intérieur des pays qui l'ont appliquée. En fait, cette réforme va à l'encontre des règles qui doivent régir le fonctionnement normal du système bancaire.

- Ils estimaient aussi que le fonctionnement du système financier international n'était pas suffisamment favorable à la réalisation de leur principal objectif mercantile. Il fallait donc le réformer. La réforme du système financier international a été proposée par les néolibéraux au service des financiers et imposée par le FMI. L'objectif de cette réforme était d'instaurer la libre circulation des capitaux financiers à travers le monde : la financiarisation mondialisée était en marche. Elle a facilité les évasions de capitaux et favorisé les mafieux, les fraudeurs, les affairistes et les spéculateurs. Elle a fait augmenter de façon considérable les risques de crises financières au niveau international. Cette réforme va à l'encontre des règles qui doivent régir le fonctionnement normal du système monétaire et financier international.

2° Les décisions imposées

Sous l'influence des financiers des entreprises dites multinationales, les néolibéraux ont proposé et l'Organisation Mondiale du Commerce (OMC) a imposé à l'ensemble des pays membres de cette organisation la libre circulation des marchandises. Les deux principales décisions qui ont permis de favoriser cette libre circulation ont été, d'une part la suppression des droits de douane et des taxes sur les importations, d'autre part la suppression des subventions sur les exportations[6]. En fait,

[6] Dans mon ouvrage intitulé "Organisation Mondiale du Commerce ; *La supercherie*" (2007), Ed. L'Harmattan, je démontre que, tant que les taux de change ne sont pas établis dans le respect de la parité des pouvoirs d'achat, certains pays, afin de préserver leur production et donc leurs emplois, ont

l'application des propositions de cette organisation et la libre circulation des capitaux financiers ont favorisé et facilité les délocalisations. Nous l'avons vu, les délocalisations ne sont favorables ni aux pays qui se trouvent être à l'origine de leur financement ni aux pays où elles s'implantent. Elles ne sont favorables qu'aux financiers de ces entreprises. En outre, elles engendrent un gaspillage considérable des ressources énergétiques, car les produits réalisés par ces entreprises traversent des milliers de kilomètres pour être acheminés dans les pays où ils sont destinés à être vendus.

3° Les crises

- Les crises de l'endettement des pays en développement ont donné l'occasion aux néolibéraux d'exiger de la Banque Mondiale et du FMI d'imposer des contraintes à ces pays, sous forme de programmes de réformes structurelles. L'objectif de ces "réformes" est de préparer ladite mondialisation de la production réalisée par les délocalisations et par l'appropriation par les créanciers étrangers des entreprises des pays endettés. Autrement dit, l'application de ces "réformes" a renforcé la mainmise des financiers sur la production mondiale.

- Les crises financières ont apporté aux banquiers de belles occasions de solliciter l'aide publique. L'objectif officiel est de sauver le système financier, mais avec l'argent des contribuables. L'objectif non avoué est de "sauver" les banques (à travers elles leurs créanciers) qui ont pris des risques financiers et de perpétuer la financiarisation afin que certains puissent gagner encore plus d'argent avec de l'argent. Cette situation met en évidence à la fois la mainmise des financiers et la complicité et l'incompétence des dirigeants politiques et économiques des pays qui y ont participé et des dirigeants du FMI.

---

intérêt à appliquer des droits de douane et des taxes sur leurs importations et à subventionner leurs exportations. Je démontre également quelles peuvent être les conséquences néfastes de l'application des propositions de l'OMC en faveur de la libre circulation des marchandises.

4° L'ingérence

- L'ingérence est présentée par la propagande des pays (dont les dirigeants sont sous l'influence des néolibéraux) qui agissent de la sorte comme un moyen ayant pour objectif de sauver ces pays, de sauver leur population ou d'y instaurer la démocratie. En réalité, le plus souvent cette ingérence a pour objectif déguisé ou même parfois avoué de préserver aux pays acteurs et à leurs entreprises l'accès aux ressources naturelles ou tout simplement d'obtenir l'accès à ces ressources. Cette ingérence peut s'assimiler à une sorte de colonisation, à cette différence près que les pays ont bien un gouvernement à eux, mais en fait leurs dirigeants sont au service des pays qui ont ou qui obtiennent l'accès à ces ressources.

Chapitre IV

Les théories économiques rationnelles mais incomplètes

I. Introduction

La méthode employée par les courants de pensée classique et keynésien, pour établir les prémisses de l'économie, est fondée sur une analyse rationnelle. Toutefois, les classiques ne sont pas parvenus à déterminer la valeur monétaire du produit dans une économie salariale et les keynésiens ne sont pas parvenus à expliquer la réalisation du profit dans le cadre de l'équilibre monétaire. C'est pourquoi on peut dire que leurs théories sont incomplètes, ce qui a influencé la suite de leurs analyses. D'une part, ils ne sont pas parvenus à établir les principes de l'économie ni les règles de son fonctionnement normal. D'autre part, ils ont été influencés par des constats. Enfin, certains de ces auteurs ont été amenés à avancer des propositions qui ne sont pas compatibles avec leurs prémisses, par conséquent, l'application de ces propositions a pu avoir des conséquences néfastes. L'objectif de ce chapitre est de démontrer qu'une théorie qui n'établit pas les principes fondamentaux de l'économie et les règles dont l'application assure son fonctionnement normal est susceptible d'ouvrir, elle aussi, la voie à l'arbitraire.

II. La théorie classique de la valeur et l'indétermination de la valeur

Pour les classiques, la théorie de la valeur constitue le fondement premier de l'analyse économique. Ils posent d'emblée la question de savoir quelle est la cause de l'enrichissement d'un pays. Ils affirment, naturellement et avec raison, que c'est le travail qui est la cause de la valeur, de la production et donc de l'enrichissement. C'est là la première prémisse de leur théorie. Ils constatent bien que la réalisation de la production nécessite du travail, de la terre, du capital, des matières premières, des produits intermédiaires, etc. Mais, outre le travail, les autres éléments qui interviennent dans la réalisation de la production sont naturels, ou alors ils résultent de la production. Les classiques établissent donc rationnellement que la production est la source du revenu. Cela constitue la deuxième prémisse de leur théorie. Ils cherchent à déterminer le prix relatif des produits et proposent de le déterminer par la quantité de travail, directe et indirecte, nécessaire à leur production. Or, la mesure des produits par le travail pose un problème. En effet, les différents travaux ne sont pas homogènes. Pour résoudre ce problème, certains auteurs de cette école de pensée, en particulier Karl Marx, proposent d'homogénéiser les différents travaux par le travail social et en se référant au taux des salaires monétaires.

Toutefois, les auteurs classiques affirment que la rémunération monétaire des travailleurs ne représente pas la valeur du produit du travail. Ils disent, en effet, que cette rémunération représente la valeur de la quantité de produit appropriée par les travailleurs. En réalité, cette affirmation des classiques découle du constat de ce qui se passe sur le marché des produits, à savoir que les travailleurs, en dépensant la totalité de leur revenu, ne s'approprient pas la totalité du produit. En outre, bien qu'ils fondent la cause de la valeur et de la production sur le travail, les autres classiques, à l'exception notable de Marx, affirment que le produit du travail doit être partagé entre les travailleurs (à qui on remet le salaire), les propriétaires des moyens de production (à qui on remet le profit) et les propriétaires des terres (à qui on remet la rente). Ces affirmations sont elles aussi influencées par des constats et elles ne sont pas sans conséquences sur la suite de leur analyse car elles ouvrent la voie à l'arbitraire, et cela bien que les classiques fondent leurs prémisses sur un raisonnement rationnel.

1° Leur première affirmation, selon laquelle la rémunération monétaire des travailleurs ne représente pas la valeur du produit du travail, fait croire que la valeur monétaire du produit n'est pas déterminée, dès la production, dans l'acte de la rémunération des travailleurs. En fait, cette affirmation n'est pas compatible avec la déduction logique de leurs prémisses. En effet, les classiques disent que le travail est la cause de la production qui, elle-même, est la source du revenu, par conséquent, de cette relation il découle logiquement que la rémunération des travailleurs représente la valeur de la totalité du produit.

Un exemple : les classiques disent que la quantité de travail dépensée représente la valeur du produit. 10 UW = 10 UP, (UW = unités de travail), (UP = unités de produit). Supposons que le taux de salaire soit égal à 1 UM, (unité de monnaie). Nous obtenons la relation suivante : 10 UW = 10UM = 10 UP. Il résulte de cette relation que la rémunération du travail représente la valeur du produit.

2° Leur deuxième affirmation, selon laquelle le produit du travail doit être partagé entre les travailleurs, les propriétaires des moyens de production et les propriétaires des terres n'est pas compatible, non plus, avec la déduction logique de leurs prémisses. En fait, on ne peut pas dire, sans tomber dans une contradiction, d'une part que le travail est la cause de la production, d'autre part que le produit du travail doit être partagé entre le salaire des travailleurs, le profit des propriétaires des moyens de production et la rente des propriétaires des terres. En fait, dans cette affirmation les classiques commettent une erreur, puisqu'ils considèrent ainsi qu'être propriétaire donne un droit sur une partie du produit.

3° Ces affirmations ont des conséquences sur la suite de leur analyse. En fait, lorsque les classiques affirment que la rémunération des travailleurs ne représente pas la valeur de la totalité du produit, ils font croire que la totalité du produit n'est pas monétisée, dès la production, dans l'acte du versement des salaires. Autrement dit, ils font croire que la dépense du revenu formé à la production n'est pas suffisante pour écouler l'ensemble du produit de chaque période considérée. Ainsi, si l'on suit la théorie des classiques, on peut penser que la quantité de monnaie qui doit circuler dans l'économie salariale est insuffisante et indéterminée. Dans ce cas, les classiques ne peuvent pas expliquer la réalisation du profit dans le cadre de l'équilibre monétaire (égalité entre la valeur monétaire de l'offre globale et la valeur monétaire de la demande globale). Par conséquent, ils ne peuvent pas expliquer, de façon rationnelle, le financement de la formation du capital additionnel et donc de l'évolution économique. Ils disent, car ils le constatent, que c'est l'épargne des financiers (dont la principale source de revenu est le profit) qui finance l'achat du capital additionnel. Or, pour expliquer la principale source de revenu des financiers, il faut, d'une part expliquer au préalable le profit dans le cadre de l'équilibre monétaire, d'autre part, expliquer que c'est le profit qui constitue la source de financement du capital additionnel. En effet, en dernière analyse, l'épargne prêtée aux entreprises doit être considérée comme un profit avancé puisqu'elle est susceptible d'être remboursée, et c'est le profit qui permet aux entreprises d'honorer leurs dettes.

4° Ces affirmations ouvrent la voie à l'arbitraire. L'affirmation des classiques selon laquelle la rémunération des travailleurs ne représente que la valeur de la quantité de produit appropriée par les travailleurs a engendré plusieurs sortes de réactions. (i) Certains auteurs pensent pouvoir trouver, dans cette affirmation des classiques, la cause de l'insuffisance de la demande globale et donc de la surproduction. (ii) Pour faire face à cette situation, certains auteurs proposent d'augmenter la rémunération monétaire des travailleurs. Or, en restant dans le cadre de l'analyse des classiques, cette proposition se heurte à deux difficultés. D'une part on ne sait pas de quel pourcentage il faut augmenter la rémunération des travailleurs afin que tout le produit puisse être acheté par la seule dépense du revenu formé à la production. D'autre part le profit n'apparaît pas dans le cas où les travailleurs achètent la totalité du produit par la dépense de leur revenu. Dans ce cas, l'absence de profit écarte toute possibilité d'expliquer l'évolution économique. En réalité ces auteurs sont pris dans le piège de l'affirmation non fondée des classiques. En fait, les deux situations suivantes sont identiques du point de vue de l'analyse. Premièrement, les classiques disent que la quantité de travail dépensée représente la valeur du produit : 10 UW = 10 UP. Supposons que le taux de salaire soit égal à 1 UM = 1UW. Nous obtenons la relation suivante : 10 UW = 10UM = 10 UP. Supposons maintenant que le taux de salaire soit égal à 2 UM = 1UW. Nous obtenons la relation suivante : 10 UW = 20UM = 10 UP. Nous constatons que, dans les deux cas, la rémunération du travail représente la valeur du produit. (iii) D'autres auteurs encore proposent de monétiser, par une émission de monnaie, la partie du produit qui reste (le profit réel) après que les travailleurs ont dépensé leur revenu. L'acceptation de cette proposition ouvre la voie à l'arbitraire. En fait, dans une économie salariale dans laquelle les banques ont le droit d'émettre de la monnaie qui est destinée à être dépensée directement sur le marché des produits, elles émettent une monnaie qui exercera un prélèvement illégitime sur le marché des produits. Cette situation constitue l'une des principales causes de la misère relative ou absolue des travailleurs, qui sont pourtant la cause de la production. En effet, étant donné que la quantité de monnaie ainsi émise est indéterminée, le montant des prélèvements illégitimes peut être sans limite. En réalité, toutes ces réactions sont les conséquences de la déduction non logique des classiques qui font croire que la rémunération des travailleurs ne représente pas la valeur du produit.

Dans cette section nous avons pu établir l'importance, d'une part de la théorie de la valeur qui permet de déterminer la cause de la valeur et la source du revenu, d'autre part de la détermination de la valeur. En effet, ces deux éléments constituent et doivent constituer les pivots de toutes les théories économiques et en particulier des théories consacrées à l'économie de production salariale. Les classiques ont réussi à établir une théorie de la valeur rationnelle. C'est là l'un de leurs apports fondamentaux à l'analyse économique scientifique. En revanche, ils ont échoué dans la détermination monétaire de la valeur ou revenu monétaire. Toutefois, cet échec ne constitue pas une faute, mais une insuffisance de leur théorie. Néanmoins, il est vrai que l'indétermination de la valeur monétaire constitue l'une des principales causes ayant empêché les classiques d'établir une théorie cohérente qui leur aurait permis de mettre en place les conditions du fonctionnement normal de l'économie salariale.

La nouvelle théorie part de la théorie de la valeur des classiques. Mais par une déduction logique de leur théorie de la valeur, elle détermine, dès la production, dans l'acte de la rémunération des travailleurs, la valeur monétaire dans l'économie salariale. Elle doit aussi déterminer le profit dans le cadre de l'équilibre monétaire, afin de déterminer la destination du profit et donc d'expliquer, de façon cohérente, le financement de l'évolution de l'économie salariale.

III. La théorie keynésienne et la détermination de la valeur

L'un des apports fondamentaux de Keynes est la détermination de la valeur monétaire du produit dans l'économie salariale. Keynes aussi, à l'instar des classiques, admet naturellement que le travail est la cause de la production, qui est la source du revenu. Sachant que le travail est la cause de la production, et la production la source du revenu, l'auteur écossais en tire logiquement la conclusion suivante : la rémunération des travailleurs représente la valeur du produit. La valeur monétaire ainsi déterminée représente la valeur de l'offre globale, qui est la source de la demande globale. Autrement dit, le montant du revenu formé à la production, dans l'acte de la rémunération des travailleurs, est un montant nécessaire et suffisant pour écouler le produit de chaque période considérée.

IV. L'indétermination du profit et ses conséquences sur la théorie keynésienne

Keynes n'est toutefois pas parvenu à expliquer la réalisation du profit dans le cadre de l'équilibre monétaire, ce qui représente une insuffisance de son analyse. Cette indétermination a eu des conséquences sur la suite de la théorie keynésienne qui se trouve dans l'impossibilité d'expliquer de façon cohérente la source du financement du capital, élément important pour la croissance de l'économie salariale, susceptible d'améliorer la situation de l'emploi. Il est vrai que Keynes établit l'égalité entre l'épargne et l'investissement, à travers deux de ses équations : R = C + E , R = C + I, d'où E = I (R = revenu, C = consommation, E = épargne et I = investissement). Cette égalité signifierait que, dans une situation d'équilibre monétaire, l'épargne est la source du financement de l'investissement. Or, l'égalité entre l'épargne et l'investissement ainsi établie pose plusieurs problèmes marquant son caractère non rationnel.

1° Cette égalité peut faire croire que le niveau des investissements dépend du niveau de l'épargne réalisée dans chaque pays concerné, ce qui amène à penser que plus d'épargne engendre plus d'investissement ; or ce n'est pas vrai, car, dans un pays et dans chaque période, le niveau d'investissement est limité par le niveau de produits d'investissement réalisés dans le pays considéré. Par exemple, dans un pays qui réalise mille tracteurs, il n'est pas possible d'acheter plus de mille tracteurs, quel que soit le niveau d'épargne. On peut penser aussi que moins d'épargne engendre moins d'investissement. Mais ce cas ferait apparaître un problème d'insuffisance de la demande dans le secteur des produits d'investissement.

2° Une théorie qui fonde sur l'épargne la source du financement des investissements doit pouvoir résoudre deux problèmes. Le premier est celui du remboursement des emprunts contractés par les entreprises. Les entreprises, pour pouvoir honorer leurs dettes, doivent réaliser des profits. Or, nous l'avons vu, Keynes ne parvient pas à expliquer la réalisation du profit dans le cadre de l'équilibre monétaire. Le deuxième problème à résoudre est celui de la rémunération des épargnants. Nous l'avons vu, Keynes détermine le revenu dès la production dans l'acte de la rémunération des travailleurs, ce qui signifie que, pour pouvoir rémunérer les épargnants, les entrepreneurs doivent réaliser un profit. En outre, une théorie qui admet que le travail est la cause de la production ne peut pas, sans tomber dans une contradiction, admettre la rémunération des épargnants. En fait, si elle admet cette rémunération, elle considère qu'être épargnant donne un droit sur une partie du produit. Or, lorsqu'une théorie admet que le travail est la cause de la production, elle établit par là-même que, pour obtenir un revenu légitime, il faut participer à la réalisation de la production.

3° L'acceptation de l'affirmation selon laquelle l'épargne constitue la source du financement des investissements additionnels ouvre la voie à la financiarisation de l'économie et à ses conséquences néfastes. Ces conséquences sont, par exemple, les prélèvements indus et illégitimes, les spéculations sur les marchés financiers, sur les marchés des produits alimentaires, sur les marchés des matières premières, sur le marché pétrolier, etc. et les crises financières.

V. Conséquences de l'application des propositions keynésiennes dont l'objectif est d'améliorer la situation de l'emploi

Keynes établit, à l'instar des classiques et avec raison, une relation entre le niveau de l'emploi et le niveau des investissements, pour une technologie donnée. Selon cette relation le sous-emploi permanent, dans une économie salariale, est dû à l'insuffisance des investissements. Par conséquent, pour améliorer la situation de l'emploi, il faut réaliser des investissements additionnels. Keynes constate que les entrepreneurs, pour réaliser des investissements nouveaux, comparent le taux d'intérêt du marché et leur taux de profit. Cette comparaison est nécessaire car c'est le profit qui constitue la source dans laquelle les entreprises puisent le remboursement et le paiement des intérêts de leurs emprunts. La situation la plus favorable pour les entrepreneurs se présente lorsque leur taux de profit est supérieur au taux d'intérêt des emprunts qu'ils sont amenés à contracter. Ainsi, dans le cadre de cette situation, les keynésiens pensent que, pour favoriser les investissements additionnels, il faut agir, d'une part sur le taux d'intérêt à la baisse, d'autre part sur le taux de profit à la hausse. Ils pensent aussi que l'Etat doit intervenir pour relancer l'économie en la finançant par un déficit budgétaire. Ils pensent, en outre, que l'augmentation des salaires monétaires favorise la demande effective et donc la relance économique, qui elle-même favorise la situation de l'emploi. Etudions la portée, les limites et les conséquences de l'application des propositions des keynésiens, dont l'objectif est d'améliorer la situation de l'emploi par la relance de l'économie.

1° Les keynésiens constatent que le taux d'intérêt des emprunts dépend, d'une part du taux d'intérêt de base fixé par la Banque Centrale, d'autre part de l'offre et de la demande de monnaie sur le marché. Pour faire baisser le taux d'intérêt, les keynésiens proposent de faire intervenir les autorités politico-monétaires. Ces autorités doivent donc demander à la Banque Centrale de leur pays de faire baisser son taux d'intérêt de base. Or, en plaçant le raisonnement dans le cadre de la théorie keynésienne, il n'est pas certain que l'application de cette proposition donne le résultat attendu, cela au moins pour deux raisons. Premièrement, il n'est pas certain que la baisse du taux d'intérêt de base fasse baisser (ou fasse suffisamment baisser) le taux d'intérêt des emprunts des entreprises, car ce taux d'intérêt est déterminé sur le marché en fonction de l'offre et de la demande de l'épargne. Deuxièmement, les keynésiens considèrent que l'épargne constitue la source du financement des investissements. Mais la baisse du taux d'intérêt peut faire baisser l'offre d'épargne et donc faire augmenter le taux d'intérêt, dans ce cas, on se retrouve dans la situation de départ, où le taux d'intérêt n'est pas suffisamment bas.

2° Dans le cas où la baisse du taux d'intérêt de base ne donne pas le résultat escompté sur le niveau des investissements nouveaux, les autorités politico-monétaires doivent demander à la Banque Centrale de leur pays d'intervenir sur le marché monétaire afin d'augmenter la quantité de monnaie en circulation, grâce à des politiques monétaires (réserves obligatoires, open-market, etc.). L'application de cette proposition a des conséquences néfastes et elle n'est d'aucune utilité pour faire augmenter les investissements additionnels. Elle a des conséquences néfastes, car toute monnaie qui est injectée directement sur le marché des produits exerce un pouvoir d'achat illégitime au détriment du pouvoir d'achat réel des travailleurs qui ont participé à la réalisation de la production. Elle ne peut pas faire augmenter les investissements additionnels, pour une simple raison : la quantité de produits d'investissement est déterminée à la production, donc avant les échanges. Par conséquent, une injection de monnaie sur le marché des produits n'a aucun effet sur la quantité de produits d'investissement que les entreprises peuvent acheter dans leur pays. En fait, la dépense du revenu formé à la production a le pouvoir d'écouler la totalité du produit de chaque période considérée. Dans ce cas, il faut expliquer le profit dans l'équilibre monétaire. Or, Keynes n'y parvient pas.

3° Les keynésiens proposent l'intervention de l'Etat pour relancer l'économie en la finançant par un déficit budgétaire volontaire. Nous devons distinguer deux sortes de financements du déficit budgétaire : par des emprunts et par la création de monnaie. Plaçons notre raisonnement dans le cadre de la théorie keynésienne et dans le cadre du fonctionnement du système bancaire actuel, et nous verrons les limites de l'application de cette proposition.

Premièrement, le financement du déficit budgétaire de l'Etat par la création de monnaie a des effets néfastes sur le pouvoir d'achat réel des travailleurs et sur le fonctionnement normal de l'économie. Lorsque le budget de l'Etat est équilibré et dans le cadre du fonctionnement normal de l'économie, à chaque période le revenu apparaît dès la production et disparaît dans les achats finals. Dans ce cas, le revenu seul exerce son droit sur les produits. Autrement dit, les entreprises, par la vente de leurs produits, récupèrent le montant de monnaie qui leur a permis de monétiser la production dans l'acte de la rémunération des travailleurs. Or, le financement monétaire du déficit budgétaire de l'Etat fait apparaître deux sortes d'achats sur le marché des produits : les achats légitimes exercés par la dépense du revenu et les achats illégitimes financés par le montant de monnaie, dans ce cas, égal au montant qui a financé le déficit budgétaire de l'Etat. Ainsi les entreprises, par la vente de leurs produits, récupèrent non seulement le montant de monnaie qui leur a permis de monétiser la production, mais aussi le montant de monnaie qui a financé le déficit budgétaire de l'Etat. Elles réalisent, de ce fait, un profit inflationniste représenté par l'écart positif entre la valeur monétaire de la demande globale et la valeur monétaire de l'offre globale. En outre, la dépense du profit inflationniste sur le marché des produits exerce un pouvoir d'achat illégitime. Le profit inflationniste ainsi que les prélèvements illégitimes augmentent au fur et à mesure que l'Etat finance son déficit budgétaire par la création de monnaie. Les prélèvements illégitimes perdurent sur toute la période où l'Etat est endetté vis-à-vis du système bancaire.

Deuxièmement, lorsque l'Etat finance son déficit budgétaire par des emprunts, la demande d'épargne augmente. L'augmentation de la demande d'épargne a deux effets. D'une part, elle tire vers le haut les taux d'intérêt du marché. Dans ce cas, certains entrepreneurs qui auraient pris la décision d'investir avant l'augmentation du taux d'intérêt du marché n'investissent plus, car ils constatent que leur profit ne leur permet plus d'assurer les charges de leurs emprunts. D'autre part, si le montant de l'épargne reste constant ou s'il n'augmente pas proportionnellement à la demande d'épargne par l'Etat, certaines entreprises ne trouveront pas de fonds pour financer leurs investissements. Par conséquent, il n'est pas certain que le financement du déficit budgétaire de l'Etat par des emprunts favorise la relance de l'économie. En effet, dans le cadre de l'analyse keynésienne les investissements non réalisés par les entreprises sont compensés par les investissements de l'Etat. En outre, cette façon de financer le déficit budgétaire de l'Etat peut aboutir au financement par création de monnaie. En effet, dans le cadre du fonctionnement du système bancaire actuel, les titres représentant la dette de l'Etat peuvent être présentés à la Banque Centrale par les banques afin que celles-ci obtiennent le droit d'émettre de la monnaie pour le montant de la dette de l'Etat. Une telle situation engendre les mêmes conséquences néfastes que celles que nous venons d'évoquer précédemment, dans le cas où la monnaie ainsi émise est destinée directement au marché des produits.

4° Les keynésiens proposent d'augmenter les salaires monétaires afin de favoriser la demande effective et donc afin de favoriser la relance de l'économie. Or, cette proposition ne peut pas donner le résultat escompté. En effet, Keynes établit la relation selon laquelle la rémunération des travailleurs représente la valeur monétaire du produit. Cette relation signifie que le montant du revenu formé à la production est un montant nécessaire et suffisant pour écouler le produit réalisé dans chaque pays considéré. En fait, les deux situations suivantes sont identiques analytiquement, lorsque l'économie fonctionne normalement. (i) Le produit national est monétisé (dans l'acte de la rémunération des travailleurs) par 100 UM (unités de monnaie). (ii) Le produit national est monétisé par 1000 UM. Dans le premier cas, les entreprises monétisent la production par 100 UM et la vente de leurs produits leur permet de récupérer 100 UM. Dans le deuxième cas, les entreprises monétisent la production par 1000 UM et la vente de leurs produits leur permet de récupérer 1000 UM. Par conséquent, l'augmentation des salaires monétaires ne favorise ni la demande effective ni la relance économique.

Enfin et surtout, les keynésiens ne recherchent pas véritablement les causes du fléchissement du taux de croissance et de la récession de l'économie afin de les écarter. Ils se contentent de proposer des mesures pour relancer l'économie. Or, tant que les causes du fléchissement et de la récession ne sont pas écartées, la persistance des mêmes causes engendre les mêmes effets.

La nouvelle théorie établit les causes du fléchissement et de la récession de l'économie et donc de l'aggravation de la situation de l'emploi. Evoquons deux de ces principales causes. Premièrement, la confusion entre monnaie et revenu monétaire. Dans une économie salariale qui fonctionne normalement, la monnaie est destinée uniquement à monétiser la production dans l'acte de la rémunération des travailleurs et le revenu monétaire est destiné uniquement à être dépensé sur le marché des produits. Or, jusqu'à présent, les dirigeants des entreprises qui réalisent un profit monétaire peuvent en disposer comme ils l'entendent. Ils peuvent l'utiliser pour financer les investissements, ce qui constitue la destination normale du profit, car le profit représente une partie du revenu des travailleurs captée par les entreprises. Ainsi, le revenu étant destiné à être dépensé sur le marché des produits, le profit aussi est destiné à être dépensé sur le marché des produits. Mais les dirigeants des entreprises peuvent aussi utiliser le profit pour monétiser la production dans l'acte de la rémunération des travailleurs. Dans ce cas, ils l'utilisent comme monnaie. Ils ne tiennent donc pas compte du fait que le profit monétaire représente la valeur monétaire des produits qui ne sont pas encore écoulés. L'utilisation du profit en tant que monnaie est l'une des principales causes de l'insuffisance de la demande globale, de la faillite de certaines entreprises, du chômage et donc de l'aggravation de la situation de l'emploi. En dernière analyse, la confusion entre monnaie et revenu est l'une des conséquences du fonctionnement du système bancaire actuel. Deuxièmement, les délocalisations constituent une autre cause importante de la récession de l'économie et donc de l'aggravation de la situation de l'emploi, comme nous l'avons déjà démontré (cf. Chapitre I, section XI). Les délocalisations sont les conséquences du fonctionnement actuel des systèmes monétaires et financiers nationaux, du système monétaire et financier international et de l'application des propositions arbitraires établies et imposées par le FMI et l'OMC.

Chapitre V

La nouvelle théorie économique

I. Introduction

La démarche rationnelle, qui consiste à saisir les causes premières en envisageant les problèmes à leur plus haut degré de généralité, appliquée à l'étude de l'économie, conduit à établir les principes, les théories et les règles qui déterminent le fonctionnement harmonieux de l'économie. Cette démarche m'a permis de démontrer que, comme toute science, la science économique aussi est fondée sur des principes ou lois.

L'objectif de l'économie, qui est la satisfaction des besoins économiques des individus, doit constituer l'élément central de toute analyse économique. L'objet de l'analyse économique est de savoir comment atteindre cet objectif ; à cette fin elle doit établir rationnellement les principes fondamentaux des économies nationale et internationale. De ces principes découlent rationnellement et logiquement des règles. Je veux démontrer que le respect de ces règles permettrait non seulement d'établir les conditions du fonctionnement harmonieux de l'économie, de réunir les conditions de la réalisation d'une évolution harmonieuse de l'économie, mais aussi d'améliorer la situation de l'emploi dans l'ensemble des pays, d'écarter les causes de prélèvements indus et illégitimes ainsi que les causes de dysfonctionnement, d'écarter l'une des principales causes de pillage des pays en développement et émergents, d'écarter enfin certains faux problèmes tels que, par exemple, la détermination de la répartition, la détermination du pouvoir d'achat de la monnaie, etc.

En partant de l'objectif et des prémisses de l'économie, j'ai établi, grâce à un raisonnement rationnel, les principes de l'économie artisanale, de l'économie salariale et de l'économie internationale. De ces principes j'ai déduit rationnellement et logiquement les règles du fonctionnement normal, harmonieux, de l'économie. Je démontre que les principes de l'économie sont immuables, rigoureusement universels. Dans une économie salariale, ils concernent la phase de la production. Les règles concernent la phase des échanges (le marché des produits), elles doivent être respectées. Le marché est une source d'indicateurs pour les entrepreneurs et, dans certains cas, un régulateur des prix. Mais il faut savoir qu'un marché sans règles est un marché où règne la loi de la jungle, tandis qu'un marché caractérisé par des règles arbitraires défend, le plus souvent, des situations établies ou les intérêts de certaines catégories. Dans ces deux cas, le marché n'assure pas le fonctionnement normal de l'économie, car il ne se préoccupe pas de l'origine ni de l'emploi de la monnaie, pas plus que de la destination du profit ; il ne distingue pas la dépense du revenu de la dépense de la monnaie, il ne distingue pas le profit normal du profit inflationniste, il ne distingue pas les achats légitimes des achats indus et illégitimes, il ne distingue pas les échanges dans l'équivalence des échanges inégaux, etc.

Le marché est une institution, une structure sociale et politique, il a donc besoin de règles. Dans la plupart des cas, les règles du fonctionnement des institutions sont fixées par des lois normatives, par la coutume, par des théories sans fondement rationnel, etc. Le marché étant une institution, un degré de liberté apparaît en ce sens que les politiques ont la possibilité ou plus exactement ont la responsabilité de faire appliquer les règles de son fonctionnement. Ils peuvent faire appliquer deux sortes de règles de fonctionnement du marché : les règles qui sont déduites logiquement des principes établis rationnellement et les règles qui sont établies arbitrairement. Les premières déterminent les conditions du fonctionnement harmonieux de l'économie, leur respect ne fait apparaître ni gagnants ni perdants, ni dysfonctionnement de l'économie, etc. hélas, elle ne sont pas encore appliquées. L'application des secondes fait apparaître des gagnants et des perdants, etc. Les théories desquelles sont déduites ces règles ne permettent pas de détecter les causes du dysfonctionnement de l'économie, de l'apparition des gagnants, des perdants, etc., par conséquent, l'application de ces règles n'écarte pas ces causes. Pire encore, les règles arbitraires peuvent légitimer les prélèvements indus et illégitimes. Voilà pourquoi les responsables de l'économie politique doivent veiller à ce que les règles déduites des principes soient respectées. Or, il n'en sera rien tant qu'ils ignoreront ces règles et tant qu'ils resteront sous l'influence des lobbies. En outre, ce sont aussi les institutions en place qui sont responsables de la perturbation du fonctionnement harmonieux de l'économie nationale comme de l'économie internationale, car actuellement leur fonctionnement est régi par des règles arbitraires qui résultent soit d'une méconnaissance des principes et donc d'une méconnaissance des règles du fonctionnement normal de l'économie, soit des intérêts en jeu.

La plupart des pays industrialisés se trouvent englués dans un cercle vicieux de décadence. Dans ces pays, les conflits sociaux (dus à l'aggravation de la situation de l'emploi, aux inégalités économiques et sociales, etc.) se multiplient et s'aggravent, signe de la méfiance croissante des citoyens envers les politiques, responsables de la décadence de leur économie. Cette situation est susceptible d'engendrer des mouvements de désobéissance civique, pire encore, des révoltes. Quant aux pays en développement, ils sont pillés par la ruse (du fait des taux de change arbitraires) ou par la force. Au niveau international, les conflits régionaux se multiplient, mettant en danger la paix dans le monde. Des forces armées étrangères interviennent, s'interposent, dans diverses régions du monde et dans les pays en conflit[7]. Mais les causes de ces conflits sont passées sous silence. En fait, ces conflits dans leur ensemble sont dus essentiellement à l'application des règles arbitraires (comme nous l'avons vu dans les chapitres précédents) qui régissent le fonctionnement actuel des économies nationales et de l'économie internationale. Or, il est possible de sortir de ce

[7] Cf. *Afrique, le continent pillé*, 2009, Ed. L'Harmattan.

cercle vicieux pour entrer dans un cercle vertueux, il est possible de vaincre le sous-développement, il est possible d'écarter les crises économiques et financières, etc., grâce à l'application des règles du fonctionnement normal de l'économie nationale et de l'économie internationale.

Toutefois, l'application de ces règles exige une réelle volonté politique qui actuellement fait défaut. En fait, le monde a besoin de politiques qui soient indépendants de toutes sortes de lobbies, de tout intérêt partisan ; des politiques qui soient au service de leur pays et de leurs concitoyens ; des politiques qui recherchent les conditions de la réalisation de l'harmonie sociale à l'intérieur de leur pays ; des politiques qui recherchent les conditions d'une entente pacifique entre les pays grâce aux relations économiques, des relations qui ne fassent apparaître ni pays gagnants ni pays perdants, ni pays dominants ni pays dominés. Le monde a besoin de dirigeants, au niveau national comme au niveau international, qui fassent passer les conditions de la réalisation de l'entente pacifique entre les pays avant les intérêts égoïstes et à courte vue de leur propre pays.

Nous ne doutons pas que certains hommes de bonne volonté soient capables de répondre à ces critères. Encore faut-il pour cela qu'ils soient véritablement informés des réalités et des possibilités économiques actuelles. Aussi allons-nous maintenant poser les fondements de notre nouvelle théorie et établir rationnellement les principes de l'économie nationale et de l'économie internationale. De ces principes nous déduirons logiquement les règles du fonctionnement normal de ces économies.

II. Principes et règles[8] de l'économie nationale et de l'économie internationale[9]

1° Définitions

Définition n°1. Dans une économie salariale, le revenu est déterminé dès la production dans l'acte de la rémunération du travail. Il représente sa contrepartie, le produit.

Définition n°2. Le revenu, déterminé dès la production dans l'acte de la rémunération du travail, est destiné au marché des produits, ce qui permet d'écouler sa contrepartie, le produit.

Définition n°3. La monnaie est distincte du revenu monétaire. La monnaie est un symbole, un outil, un équivalent général ; le revenu est un pouvoir d'achat. Cette définition découle de la première.

Définition n°4. Le pouvoir d'achat légitime est le résultat de la dépense sur le marché des produits du revenu formé à la production dans l'acte de la rémunération du travail. Cette définition découle de la première et de la deuxième.

Définition n°5. Le profit normal est une partie du revenu légitime captée par les entreprises. Cette définition découle de la première.

Définition n°6. Le pouvoir d'achat illégitime est le résultat de la dépense de la monnaie sur le marché des produits, sans

---

[8] « Par cette loi donc, La Société pourra se rendre ferme, pourvu qu'elle revendique pour elle-même le droit que chacun a de se venger et de juger du bon et du mauvais, et qu'elle ait par conséquent le pouvoir de prescrire une règle de vie commune, de faire des lois et de les affermir, non par la Raison qui ne peut réprimer les sentiments, mais par des menaces. Or cette Société affermie par des lois et par le pouvoir de se conserver, s'appelle l'Etat et ceux qui sont protégés par ses lois s'appellent Citoyens. D'où nous comprenons aisément que, dans l'état de nature, il n'y a rien qui soit bon ou mauvais par le consentement de tous puisque tout homme dans cet état de nature songe seulement à son utilité, et décide, selon son propre naturel et en tant qu'il reconnaît sa seule utilité comme norme, de ce qui est bon ou de ce qui est mauvais, et qu'il n'est tenu par aucune loi d'obéir à personne d'autre qu'à lui seul. » ([1997], Spinoza, *L'Ethique*, p. 522-523 Ed. La Pléiade).

[9] Ces principes et règles, complétés ici, sont repris de mon ouvrage : *Méthodologies économiques et éthique scientifique,* [2006], Ed. L'Harmattan.

que celle-ci ait été transformée en revenu. Cette définition découle de la première, de la deuxième et de la troisième.

Définition n°7. Le profit net (profit inflationniste qui engendre le déséquilibre monétaire) est le résultat de la dépense de la monnaie sur le marché des produits. Cette définition découle de la première, de la troisième et de la cinquième.

Définition n°8. Le dysfonctionnement de l'économie est la conséquence de l'utilisation par les entreprises d'un pouvoir d'achat légitime (capté ou emprunté, profit ou épargne) pour monétiser la production dans l'acte de la rémunération du travail. Cette définition découle de la première et de la deuxième.

La nouvelle théorie économique part de l'objectif de l'économie, établit les prémisses de l'économie et, par un raisonnement rationnel, grâce à une exigence rigoureuse, mathématique et géométrique, établit, à la suite de ces prémisses, les principes de l'économie artisanale, de l'économie salariale et de l'économie internationale. De ces principes, elle tire logiquement les règles du fonctionnement normal de l'économie.

2° Les principes de l'économie artisanale

Principe n°1

Proposition : La production seule permet de satisfaire les besoins économiques des individus.

Démonstration : Sans la production, il n'y a pas de produit et donc aucun besoin économique ne peut être satisfait.

Principe n°2

Proposition : La production seule est source de revenu.

Démonstration : Sans la production, il n'y a ni produit ni revenu. Pour obtenir un revenu (un droit légitime sur les produits), il faut participer à la réalisation de la production de biens et de services.

Ces deux principes constituent les prémisses de l'économie nationale.

Principe n°3

Proposition : L'économie artisanale est une économie d'échange.

Démonstration : Dans une économie artisanale, l'artisan obtient son produit et l'échange sur le marché.

Principe n°4

Proposition : Dans une économie artisanale, valeur créée et prix, bien que distincts, sont déterminés au moment de l'échange.

Démonstration : Ce principe découle du principe n° 3. Dans une économie d'échange, le prix du produit est connu au moment de l'échange. Le producteur-échangiste (artisan) connaît son revenu en déduisant ses frais de production[10] du prix de son produit. Aussi son revenu représente-t-il la valeur qu'il a créée.

Principe n°5

Proposition : Dans une économie d'échange, les achats sont financés par les ventes.

Démonstration : Ce principe découle des principes n° 3 et 4. Dans une économie d'échange, le producteur-échangiste obtient son produit à la production et c'est la vente de son produit qui lui donne un droit légitime sur les produits d'autres producteurs-échangistes. Pour exercer un pouvoir d'achat, il faut avoir un revenu et, pour obtenir un revenu, l'artisan doit vendre son produit. C'est le revenu ainsi obtenu qui lui permet de financer ses achats.

---

[10] Les frais de production de l'artisan sont constitués par l'achat de produits intermédiaires, de matières premières, etc.

Principe n°6

Proposition : Le profit n'existe pas dans une économie d'échange artisanale.

Démonstration : Ce principe découle des principes n° 3, 4 et 5. Le producteur-échangiste obtient son propre produit et l'échange contre d'autres produits qui lui sont équivalents. Le profit n'apparaît pas, car l'artisan obtient lui-même l'équivalent de son produit à travers l'échange.

Principe n°7

Proposition : La monnaie est un moyen d'échange et non un pouvoir d'achat légitime (elle n'a pas de droit légitime sur les produits).

Démonstration : Ce principe découle des 2° et 5° principes. Sans la production, la monnaie ne peut exercer aucun pouvoir d'achat puisqu'il n'y a alors aucun produit à acheter. La monnaie est au service de l'économie. Dans une économie artisanale, ce sont les ventes qui financent les achats et la monnaie intervient en tant qu'intermédiaire des échanges, équivalent général, mais non en tant que pouvoir d'achat légitime.

Principe n°8

Proposition : Dans une économie artisanale, la quantité de monnaie qui entre dans les transactions par les producteurs-échangistes n'a pas d'effet sur leur pouvoir d'achat réel.

Démonstration : Ce principe découle du principe n° 6. Dans une économie artisanale où les échanges sont monétaires, l'artisan obtient la contrepartie de son produit sous forme de monnaie. L'artisan, en dépensant le montant de la monnaie ainsi reçue, obtient des produits qui sont équivalents à son propre produit.

3° Les principales règles qui régissent le fonctionnement harmonieux (normal) de l'économie artisanale

Les règles sont déduites logiquement des principes.

Règle n° 1

Proposition : Dans une économie artisanale, les achats doivent être financés par les ventes.

Démonstration : Cette règle découle du principe n° 5, selon lequel ce sont les ventes qui financent les achats. Il découle de ce principe que, dans cette économie, pour exercer un pouvoir d'achat légitime sans endettement, il faut vendre au moins pour le montant des achats.

Précision : Le non-respect de cette règle ne remet pas en cause les principes de l'économie. Il met en cause le fonctionnement des organismes monétaires et financiers, qui confondent alors monnaie et revenu monétaire.

Règle n° 2

Proposition : Dans une économie artisanale, les achats excédentaires doivent être financés par les ventes excédentaires.

Démonstration : Cette règle découle du principe n° 5, selon lequel les achats sont financés par les ventes. Par définition, l'ensemble des achats est égal à l'ensemble des ventes. Par conséquent, les achats nets sont équivalents aux ventes nettes. Les ventes nettes financent, directement ou indirectement (par l'intermédiaire du système financier), les achats nets. Dès que les achats nets sont financés par les ventes nettes, apparaissent des créances et des dettes. Les vendeurs excédentaires deviennent créanciers des acheteurs excédentaires. Les créances-dettes disparaissent lorsque les acheteurs nets deviennent vendeurs nets pour le même montant et remboursent leurs créanciers. Les créances et les dettes représentent des opérations purement financières.

Précision : Le non-respect de cette règle ne remet pas en cause les principes de l'économie. Il met en cause le fonctionnement des institutions monétaires et financières, qui confondent alors monnaie et revenu monétaire (cf. précision suivante).

Règle n° 3

Proposition : Dans une économie artisanale, la monnaie doit être introduite par les producteurs-échangistes.

Démonstration : Cette règle découle des 2°, 5°, 7° et 8° principes. La monnaie est un équivalent général, elle n'a pas de pouvoir d'achat légitime. La production est la source du revenu. Les producteurs-échangistes (travailleurs-artisans) sont la cause de la production, donc le produit leur appartient et ce sont eux qui l'échangent sur le marché. Aussi la monnaie doit-elle être introduite dans cette économie par les producteurs-échangistes. Le producteur direct (artisan), par la vente de son produit, obtient la monnaie qui représente le prix de son produit et son droit sur les produits réalisés par d'autres producteurs-échangistes.

Il découle de cette règle que toute monnaie qui entre dans les échanges par d'autres acteurs que les producteurs-échangistes ou leurs ayants droit exerce un pouvoir d'achat illégitime. Dans ce cas, l'acheteur ne finance ses achats ni par ses ventes ni par le résultat des ventes excédentaires d'autres producteurs-échangistes.

Précision : Le non-respect de cette règle ne remet pas en cause le principe n°5. Si l'acheteur net se fait accorder un crédit qui n'a pas sa source dans le montant des ventes nettes, ce crédit lui permet d'exercer un pouvoir d'achat qui ne peut être qu'illégitime car il diminue d'autant le pouvoir d'achat réel des producteurs-échangistes, qui, lui, est légitime. Ce cas met en cause le fonctionnement des institutions monétaires et financières, qui confondent alors monnaie et revenu monétaire (l'épargne des artisans).

Règle n° 4

Proposition : Dans une économie non salariale libre, un producteur doit obtenir son produit à la production pour l'échanger sur le marché.

Démonstration : Cette règle découle des 2°, 5° et 6° principes. La production est la source du revenu et le travail est la cause de la production ; par conséquent, le produit appartient au travailleur qui l'obtient à la production et l'échange sur le marché.

Précision : Le non-respect de cette règle ne remet pas en cause les principes de l'économie, il met en cause le système politique. Si le travailleur n'obtient pas son produit à la production, il se trouve dans un système de servage, un système esclavagiste ou assimilé. Il n'y a que dans un système de servage, système esclavagiste ou assimilé, que le travailleur n'obtient pas son produit ou son équivalent. Dans ce système, c'est la loi du plus fort qui s'impose et, dans ce cas, le travailleur n'est pas artisan puisque le produit de son travail est approprié par son maître ou assimilé. Par conséquent, le non-respect de cette règle met en évidence le caractère injuste d'un système politique où s'impose la loi du plus fort.

4° Les principes de l'économie salariale

L'économie salariale fait apparaître deux phases, la phase de la production et la phase de l'échange. Ces deux phases doivent être distinguées, même si l'une est la conséquence de l'autre. Les principes de l'économie salariale concernent essentiellement la phase de la production. Les principes établis rationnellement sont immuables. Les règles déduites logiquement de ces principes concernent essentiellement la phase de l'échange. Elles régissent le fonctionnement harmonieux de l'économie et doivent donc être respectées. Elles sont nécessaires dans la phase de l'échange car, en l'absence de règles déduites des principes établis dans le respect de l'éthique scientifique (principes de l'économie établis rationnellement), les politiques et les institutions peuvent établir des règles sans fondement rationnel, des règles arbitraires, susceptibles de favoriser certaines catégories au détriment des autres, et c'est précisément l'application de règles arbitraires qui constitue la principale cause des prélèvements indus, des prélèvements illégitimes, des crises économiques, des crises financières et du dysfonctionnement de l'économie, dont le chômage et la misère, relative ou absolue, des travailleurs sont deux des manifestations. C'est pourquoi les règles déduites des principes doivent guider les responsables politiques et économiques lorsqu'ils établissent les règles de fonctionnement des institutions : les règles déduites des principes doivent représenter une référence dans leur mission de contrôle du fonctionnement de l'économie de marché.

Principe n° 1

Proposition : La production seule permet de satisfaire les besoins économiques des individus.

Démonstration : Sans la production, il n'y a pas de produit et donc aucun besoin économique ne peut être satisfait.

Principe n° 2

Proposition : La production seule est source de revenu.

Démonstration : Sans la production, il n'y a ni produit ni revenu. Le produit résulte de la production. Le revenu représente la contrepartie du produit. Par conséquent, le revenu apparaît grâce à la production.

Nous l'avons vu, ces deux principes constituent les prémisses de l'économie.

Principe n° 3

Proposition : Dans une économie salariale, le revenu légitime se forme dès la production dans l'acte de la rémunération du travail, travail qui est la cause de la production. D'après ce principe, la rémunération du travail n'est pas un achat, elle constitue la formation du revenu.

Démonstration : Dans une économie salariale, par définition, les travailleurs n'obtiennent pas leur produit à la production. Dans un premier temps, ils obtiennent une rémunération qui représente la valeur monétaire de leur produit, leur droit légitime sur le produit. En effet, la production étant la source du revenu, et le travail étant la cause de la production, il en résulte logiquement que la rémunération du travail représente la valeur du produit.

La rémunération du travail ne peut pas être considérée comme un achat car, d'une part, rémunérer le travail ne signifie pas se l'approprier ni s'approprier le produit du travail, d'autre part, pour pouvoir exercer un pouvoir d'achat légitime, il faut avoir un revenu, or, d'après le principe n°2, le revenu n'existe pas avant la production.

Principe n° 4

Proposition : Dans une économie salariale, le revenu est à la fois réel et monétaire.

Démonstration : Ce principe découle des deux principes précédents. Les travailleurs sont la cause de la production. Dans une économie salariale, les travailleurs n'obtiennent pas leur produit à la production, ils obtiennent un revenu qui représente la valeur monétaire de leur produit et leur droit sur le produit. Le revenu est à la fois monétaire et réel, car le revenu monétaire représente le droit légitime sur le produit.

Principe n° 5

Proposition : La dépense du revenu monétaire formé à la production dans l'acte de la rémunération du travail a le pouvoir d'écouler sa contrepartie, le produit.

Démonstration : Le revenu monétaire légitime ayant sa source dans la production et représentant la valeur monétaire du produit, sa dépense dans les achats finals signifie l'écoulement du produit. Cette démonstration découle du deuxième principe.

Il résulte de ce principe (n°5) et du principe précédent que la dépense du revenu monétaire légitime dans les achats finaux signifie la disparition du revenu monétaire légitime et la disparition économique de sa contrepartie, le produit.

Principe n° 6

Proposition : Le produit ne peut être approprié que par l'Homme, le revenu monétaire est donc formé dans l'acte de la rémunération du travail.

Démonstration : Ce principe découle des 1°, 2°, 4° et 5° principes et de l'objectif de l'économie. Les produits (le capital sous ses différentes formes) et la terre n'ont pas de besoins à satisfaire et ne peuvent pas, par définition, exercer de pouvoir d'achat, donc ils ne peuvent pas logiquement ni légitimement être rémunérés.

Principe n° 7

Proposition : L'économie salariale est une économie monétaire.

Démonstration : Ce principe découle du 3° principe : du fait que les travailleurs n'obtiennent pas directement leur produit à la production, ils obtiennent sa contrepartie sous forme monétaire.

Principe n° 8

Proposition : La monnaie, en tant que telle, n'est pas un pouvoir d'achat légitime, elle n'a pas de droit légitime sur les produits.

Démonstration : Sans la production, la monnaie ne peut exercer aucun pouvoir d'achat puisqu'il n'y a alors aucun produit à acheter. La monnaie est un symbole, un numéraire au service de la production et, si elle ne se transforme pas en revenu, elle n'a aucun droit légitime sur les produits.

Principe n° 9

Proposition : D'après le deuxième et le troisième principes, dans une économie salariale, la monnaie se charge d'un pouvoir d'achat légitime, elle devient revenu monétaire dans l'acte de la rémunération des services producteurs (que sont les travailleurs qui participent à la réalisation de la production).

Démonstration : Les travailleurs étant la cause de la production, leur rémunération représente la valeur monétaire de la production. C'est, en effet, dans l'acte de la rémunération des travailleurs que la monnaie devient un revenu ou pouvoir d'achat légitime, en obtenant un droit légitime sur les produits.

Principe n° 10

Proposition : Dans une économie salariale, le montant de monnaie qui monétise la production dans l'acte de la rémunération du travail est un montant nécessaire et suffisant dont la dépense sur le marché des produits permet d'écouler sa contrepartie, le produit.

Démonstration : Ce principe découle des principes n° 4 et 5. La rémunération du travail représente la valeur du produit. Le montant du revenu ainsi formé dès la production représente le droit légitime sur le produit. Par conséquent, le montant du revenu formé à la production est un montant nécessaire et suffisant pour écouler le produit. Le revenu national, formé à la production dans l'acte de versement des salaires, représente le produit national.

Principe n° 11

Proposition : Dans une économie salariale, la quantité de monnaie qui monétise la production dans l'acte de la rémunération du travail à chaque période n'a pas d'effet sur le pouvoir d'achat réel des travailleurs considérés dans leur ensemble.

Démonstration : Ce principe découle des principes précédents. La monnaie est un symbole, un numéraire au service de la production. Le revenu monétaire représente le revenu réel, le produit. Par conséquent, quelle que soit la quantité de monnaie qui monétise la production dans l'acte de la rémunération du travail, elle représente le revenu réel, le produit de la période considérée.

Principe n° 12

Proposition : Le profit normal (profit réalisé dans l'équilibre monétaire) représente la partie du revenu des travailleurs captée par les entreprises.

Démonstration : Ce principe découle des 2°, 3° et 5° principes. Le revenu monétaire est formé à la production dans l'acte de la rémunération des travailleurs et il représente la valeur monétaire du produit. Le produit est écoulé par la dépense du revenu dans les achats finals. Par définition, le profit apparaît au moment de l'échange, du fait de l'écart entre prix et coût de production, il est donc prélevé sur le revenu des travailleurs formé à la production.

Principe n° 13

Proposition : Le profit réalisé par la dépense du revenu (le profit réalisé dans l'équilibre monétaire, le profit normal) est à la fois réel et monétaire.

Démonstration : Ce principe découle des 4°, 11° et 12° principes. Le revenu est à la fois réel et monétaire. Le profit étant une partie du revenu des travailleurs captée par les entreprises, il est à la fois réel et monétaire. Le profit monétaire est donc destiné au marché des produits.

5° Les principales règles qui régissent le fonctionnement harmonieux (normal) de l'économie salariale

Règle n° 1

Proposition : Le revenu formé dans chaque pays ou dans un ensemble de pays à économie intégrée est destiné au marché des produits de ce pays ou de l'ensemble de pays à économie intégrée.

Démonstration : Cette règle découle des 1°, 3°, 4° et 5° principes. Le revenu monétaire représente le revenu réel, le produit. La dépense du revenu permet de satisfaire les besoins économiques. La dépense du revenu dans les achats finals permet non seulement d'écouler sa contrepartie, le produit, mais aussi et surtout elle permet aux entreprises d'un pays ou d'un ensemble de pays à économie intégrée de récupérer le montant de monnaie grâce auquel elles ont pu monétiser la production dans l'acte de la rémunération du travail.

Règle n° 2

Proposition : Dans une économie salariale, la monnaie nouvellement créée doit être destinée uniquement à la monétisation de la production dans l'acte de la rémunération des travailleurs qui participent à la réalisation de la production.

Démonstration : Cette règle découle des principes n° 3 et de 5 à 10. Pour que la monnaie se charge d'un pouvoir d'achat, pour qu'elle devienne un droit légitime sur les produits, elle doit se transformer en revenu. Elle se transforme en revenu dans l'acte de la rémunération des travailleurs, car le travail est la cause de la production. Cette règle doit régir le fonctionnement du système bancaire national.

Précision : Le non-respect de cette règle ne remet pas en cause les principes de l'économie. Il met en cause le fonctionnement du système bancaire national qui confond monnaie et revenu monétaire (cf. précisions à la règle n° 3).

Règle n° 3

Proposition : Dans une économie salariale, la monnaie nouvellement émise ne doit pas être dépensée sur le marché des produits. Car la dépense de la monnaie nouvellement émise sur le marché des produits exerce un prélèvement illégitime sur le pouvoir d'achat réel des travailleurs.

Démonstration : Cette règle découle des 3°, 4°, 8° et 9° principes. La monnaie nouvellement émise n'a pas de droit légitime sur les produits tant qu'elle n'a pas été transformée en revenu. Si elle est dépensée sur le marché des produits, elle exerce un pouvoir d'achat illégitime qu'elle prélève sur celui des titulaires de revenu en amputant une partie de leur pouvoir d'achat réel qui, lui, est légitime.

Précision n°1 : Le non-respect de cette règle ne remet pas en cause les principes de l'économie. Les prélèvements illégitimes exercés par la monnaie sont un vol « légitimé » par les institutions, essentiellement monétaires et financières et par les responsables politiques et économiques qui défendent ces institutions, institutions dont le fonctionnement ne respecte pas les règles qui découlent des principes de l'économie. Ce sont donc les institutions, essentiellement monétaires et financières, et les responsables politiques et économiques qui sont responsables des prélèvements illégitimes.

Précision n°2 : Le fait que la monnaie puisse être dépensée sur le marché des produits trouve son origine dans l'idée selon laquelle la monnaie a un pouvoir d'achat libératoire, idée fallacieuse provenant de certains auteurs qui ont établi les règles arbitraires du fonctionnement des institutions monétaires. En fait, ce n'est pas la monnaie mais le revenu monétaire qui a un pouvoir d'achat libératoire. Le non-respect de cette règle met en cause le fonctionnement du système bancaire qui confond monnaie et revenu monétaire.

Règle n° 4

Proposition : Dans une économie de production salariale, la rémunération des travailleurs ne doit pas être puisée dans le revenu monétaire (épargne et profit), qui est destiné au marché des produits.

Démonstration : Cette règle découle des 3°, 4°, 5° et 9° principes. Le revenu monétaire est destiné à exercer son pouvoir d'achat sur les produits qui représentent sa contrepartie. La rémunération des travailleurs n'est pas un achat, en fait elle représente la formation du revenu. Si le revenu (profit et épargne) monétise, outre la contrepartie de son produit, une production encore à venir, il représentera deux productions de deux périodes différentes. Or, le revenu monétaire de chaque période est destiné à exercer son pouvoir d'achat sur les produits qui représentent sa contrepartie. Par conséquent, l'une des productions ne pourra pas être écoulée. C'est donc bien cette façon d'utiliser le revenu monétaire pour rémunérer les travailleurs qui devient ainsi l'une des principales causes de l'insuffisance de la demande globale, de la faillite de certaines entreprises et du dysfonctionnement de l'économie salariale, dont l'augmentation du chômage est l'une des principales manifestations. Cette règle doit régir le fonctionnement du système bancaire national.

Précision n°1 : Lorsqu'un pouvoir d'achat légitime sur les produits est utilisé pour monétiser la production dans l'acte de la rémunération du travail, il est utilisé en tant que monnaie, de ce fait, il disparaît en tant que revenu. D'après les 4° et 9° principes, lorsque le revenu monétaire disparaît, sa contrepartie, le produit, disparaît économiquement. Toutefois, du fait de cette disparition prématurée (due à cette façon d'utiliser un pouvoir d'achat légitime), certaines entreprises ne récupèrent pas la totalité du montant qui leur a permis de monétiser leur production dans l'acte de la rémunération du travail, c'est là l'une des principales causes de l'apparition de l'insuffisance de la demande globale. Dans ce cas, le montant que certaines entreprises ne peuvent pas récupérer est égal au montant du revenu monétaire utilisé en tant que monnaie.

Précision n°2 : Le non-respect de cette règle ne remet pas en cause les principes de l'économie. Il met en cause le fonctionnement du système monétaire et financier qui confond monnaie et revenu monétaire. Il met en cause aussi et surtout les dirigeants politico-économiques qui laissent le système monétaire et financier appliquer des règles arbitraires.

Précision n°3 : Il est vrai que l'insuffisance de la demande globale n'apparaît pas dans le cas où certains entrepreneurs utilisent leur profit pour monétiser leur production (en partie ou en totalité) dans l'acte de la rémunération des travailleurs et dans le cas où ils s'approprient dès la production le produit ainsi monétisé. Toutefois, cette façon d'utiliser le profit peut être assimilée à une situation d'esclavagisme ou assimilée, car les travailleurs placés dans cette situation recevront un revenu monétaire vide. Cette façon d'utiliser le profit est une conséquence du non-respect de cette règle, mais elle ne remet pas en cause les principes de l'économie. Elle met en cause le fonctionnement du système monétaire et financier qui confond monnaie et revenu monétaire. Elle met en cause aussi et surtout les dirigeants politico-économiques qui laissent le système monétaire et financier appliquer des règles arbitraires.

Règle n° 5

Proposition : Le profit monétaire normal est destiné à financer les investissements additionnels dans le pays ou dans l'ensemble de pays à économie intégrée où il est réalisé.

Démonstration : Cette règle découle des 2°, 3°, 12° et 13° principes ; dans chaque pays ou ensemble de pays à économie intégrée, le revenu est formé à la production sur les travailleurs et il représente la valeur monétaire du produit. Le profit monétaire représente la valeur monétaire de la partie du produit qui n'est pas appropriée par les travailleurs. Le profit monétaire étant prélevé sur le revenu, il diminue le pouvoir d'achat réel des travailleurs dans la période où il est réalisé, il constitue une sorte d'épargne forcée des travailleurs. Cette diminution du pouvoir d'achat réel devra être compensée dans les périodes à venir. Elle sera compensée grâce aux investissements additionnels qui favorisent l'amélioration de la productivité du travail, l'augmentation de la production et, donc, l'augmentation du pouvoir d'achat réel des titulaires de revenu, dans un pays ou dans un ensemble de pays à économie intégrée.

En outre, pour une technologie donnée, les investissements additionnels diminuent le nombre de chômeurs, ce qui augmente la production et améliore le pouvoir d'achat réel dans la nation considérée ou dans l'ensemble des nations à économie intégrée. Par conséquent, le profit monétaire est une nécessité dans une économie d'évolution et il ne doit donc pas être distribué pour être dépensé sur le marché des produits de consommation. Cette façon d'utiliser le profit monétaire engendre la perte définitive d'une partie du pouvoir d'achat réel des travailleurs et représente une occasion manquée de réaliser directement des investissements additionnels qui permettraient d'améliorer la situation de l'emploi et le pouvoir d'achat réel dans l'économie considérée ou dans l'ensemble des économies intégrées.

Le respect de cette règle écarte l'une des principales causes des prélèvements indus qui apparaissent du fait de la distribution du profit monétaire.

Précision n°1 : Dans une économie salariale concurrentielle, le niveau de l'emploi dépend du niveau des investissements pour une technologie donnée.

Cette relation découle de deux exigences liées : l'exigence de la technologie et l'exigence de la concurrence. En ce qui concerne la première exigence, la technologie d'une période impose le nombre de travailleurs que les entrepreneurs doivent employer sur la quantité de capital existant. Exemple : un camion (capital) ne peut être conduit que par un conducteur à la fois. Quant à la seconde exigence, elle est inhérente à la réalité de l'économie concurrentielle, où sont écartées du système les entreprises qui réalisent un coût de production plus élevé que celui de leurs concurrentes du fait, par exemple, qu'elles ne respectent pas la première exigence.

Précision n°2 : Le non-respect de cette règle ne remet pas en cause les principes de l'économie. Il met en cause le fonctionnement de l'économie dans laquelle est appliquée la règle arbitraire selon laquelle être propriétaire des moyens de production donne un droit sur une partie du produit. Il met en cause aussi les responsables politiques et économiques qui, par leur silence, légitiment ladite règle arbitraire.

Règle n° 6

Proposition : Dans un pays ou dans un ensemble de pays à économie intégrée, le système bancaire (dans son rôle d'institution monétaire) doit émettre uniquement la monnaie qui est destinée à monétiser la production dans l'acte de la rémunération des travailleurs.

Démonstration : Cette règle découle des principes n° 2, 3, 8 et 9. La monnaie n'a pas de droit légitime sur les produits ; pour obtenir un droit légitime, elle doit se transformer en revenu dans l'acte de la rémunération du travail. Cette règle doit régir le fonctionnement du système bancaire dans son rôle d'émetteur de monnaie. Le respect de cette règle écarte l'une des principales causes des prélèvements illégitimes.

Précision : Le non-respect de cette règle ne remet pas en cause les principes de l'économie. Il met en cause le fonctionnement du système bancaire qui doit distinguer son rôle monétaire de son rôle financier.

Règle n° 7

Proposition : Le taux d'intérêt monétaire ne doit pas dépasser les frais de fonctionnement du système bancaire, frais qui concernent son rôle d'émetteur de monnaie.

Démonstration : Cette règle découle des 2°, 6° et 8° principes. La production seule est la source du revenu et la monnaie est au service de la production. Lorsque le système bancaire outrepasse cette règle, il exerce un droit de seigneuriage dont le montant diminue proportionnellement le pouvoir d'achat réel des travailleurs.

Précision : Le respect de cette règle évite que les entrepreneurs ayant réalisé un profit monétaire soient tentés de monétiser leur production par le profit. Le profit monétaire est un pouvoir d'achat positif, il est donc destiné au marché des produits (cf. 3° et 4° règles).

Règle n° 8

Proposition : Dans un pays ou dans un ensemble de pays à économie intégrée, le système bancaire (dans son rôle d'institution financière) ne doit prêter l'épargne qu'aux agents économiques qui exercent un achat net (achat qui dépasse leurs ressources propres de la période considérée).

Démonstration : Cette règle découle des principes n° 2, 3, 4, 5, et 8. L'épargne étant un pouvoir d'achat positif, elle est destinée au marché des produits car elle doit aussi écouler sa contrepartie et permettre ainsi aux entreprises de récupérer le montant de monnaie qui leur a servi à monétiser leur production dans l'acte de la rémunération du travail.

Précision : Le non-respect de cette règle ne remet pas en cause les principes de l'économie. Il met en cause le fonctionnement du système bancaire qui confond son rôle monétaire et son rôle financier.

Règle n° 9

Proposition : Le taux d'intérêt financier ne doit pas dépasser la hausse des prix, les frais de la collecte de l'épargne et les frais de fonctionnement du système financier.

Démonstration : Cette règle découle des principes n° 2, 3 et 6. Seule la production est source de revenu et le travail est la cause de la production. Pour avoir un revenu légitime, il faut participer à la réalisation de la production. Par conséquent, être épargnant n'octroie pas un droit légitime sur une partie du produit.

Précision : Le non-respect de cette règle constitue une cause de prélèvements indus, mais ne remet pas en cause les principes de l'économie. La partie du produit qui n'est pas achetée par les titulaires de revenu légitime est achetée par les épargnants qui exercent, dans ce cas, des prélèvements indus. Il met en cause la règle arbitraire selon laquelle être épargnant donne un droit sur une partie du produit. Il met en cause les dirigeants politiques, économiques et monétaires qui passent sous silence l'application de cette règle.

6° Principes de l'économie internationale

Les dirigeants politiques et économiques au niveau national et les dirigeants des organisations internationales telles que la Banque Mondiale, le Fonds Monétaire International et l'Organisation Mondiale du Commerce ont la responsabilité de faire appliquer les règles qui concernent les échanges internationaux et le fonctionnement du système monétaire et financier international. Or, actuellement, une grande partie des échanges internationaux n'est pas réalisée dans l'équivalence, ce qui fait apparaître des pays gagnants et des pays perdants. Le système monétaire et financier international actuel fait apparaître la liquidité internationale, des pays dominants et des pays dominés, favorise les mouvements de capitaux aux conséquences néfastes, facilite les délocalisations aux conséquences désastreuses, favorise les spéculations sur les marchés financiers, sur les marchés des matières premières, sur les marchés des produits alimentaires, etc. Toutes ces situations sont à l'origine de conflits. Les dirigeants de l'ensemble des pays, les dirigeants des organisations internationales et les auteurs qui ont établi les règles qui sont appliquées actuellement sont les premiers responsables de ces maux et de ces conflits.

L'application des règles qui découlent des principes de l'économie internationale permettrait d'écarter les causes de conflits dues aux relations économiques, monétaires et financières entre les pays, relations qui font apparaître des pays gagnants et des pays perdants. Elle permettrait de mettre tous les pays à égalité. En effet, elle permettrait d'atteindre l'objectif économique des échanges internationaux, objectif qui est de réaliser l'enrichissement mutuel des pays qui y participent. Elle permettrait de mettre en place un nouveau système monétaire et financier international, où serait créée une véritable monnaie internationale indépendante de toutes les monnaies nationales. Elle ne ferait pas apparaître de liquidité internationale. Elle faciliterait l'établissement des taux de change dans le respect de la parité des pouvoirs d'achat. Elle écarterait les mouvements des capitaux financiers. Elle découragerait les délocalisations dont l'objectif est mercantile, elle tarirait les sources qui alimentent les spéculations au niveau international, etc.

Principe n° 1

Proposition : L'économie internationale est une économie d'échange[11].

Démonstration : L'économie internationale n'étant pas une économie intégrée[12], chaque pays, pour acheter à d'autres pays, doit présenter ses produits sur le marché international.

---

[11] Nous nous plaçons dans le cas où les pays ont des monnaies différentes.

Principe n° 2

Proposition : Dans une économie d'échange, ce sont les ventes qui financent les achats.

Démonstration : Ce principe découle du principe n°1. Pour financer ses importations sans endettement, chaque pays doit vendre pour le même montant.

Principe n° 3

Proposition : Les achats nets d'un pays ou d'un ensemble de pays sont équivalents aux ventes nettes d'autres pays.

Démonstration : Ce principe découle du principe n°2. Les achats sont financés par les ventes. Par définition, l'ensemble des achats est équivalent à l'ensemble des ventes. Par conséquent, l'ensemble des achats nets est équivalent à l'ensemble des ventes nettes.

Principe n° 4

Proposition : Dans une économie d'échange, la monnaie intervient en tant qu'intermédiaire des échanges et non comme pouvoir d'achat positif, légitime.

Démonstration : La monnaie, un équivalent général, est nécessaire car elle permet de mesurer et de comparer les produits afin de réaliser les échanges dans l'équivalence. D'après le 2° principe, ce sont les ventes qui financent les achats. Par conséquent, la monnaie apparaît pour monétiser les échanges et elle disparaît une fois les échanges terminés.

Principe n° 5

Proposition : Pour qu'un pays honore sa dette extérieure, il doit réaliser, à chaque période, une balance commerciale excédentaire pour le montant des charges de sa dette.

Démonstration : Ce principe découle des 2° et 3° principes de l'économie internationale : les achats sont financés par les

---

[12] Sont intégrées les économies qui ont la même monnaie.

ventes et les achats nets sont équivalents aux ventes nettes. Par conséquent, les pays acheteurs nets d'une période honorent leur dette lorsqu'ils deviennent vendeurs nets pour le même montant, en pouvoir d'achat réel, pour les périodes à venir.

7° Les principales règles de fonctionnement des institutions monétaires et financières internationales

Le respect de ces règles par ces institutions assure le fonctionnement normal de l'économie internationale, qui est une économie d'échange.

Règle n° 1

Proposition : Aucune monnaie nationale ne doit jouer le rôle de monnaie internationale.

Démonstration : Cette règle découle du deuxième principe de l'économie internationale. La confusion entre monnaie nationale et monnaie internationale peut engendrer de faux paiements qui sont à l'origine de l'apparition de la liquidité internationale. L'apparition de la liquidité internationale signifie que le pays acheteur net (importations supérieures aux exportations) finance ses achats nets avec sa propre monnaie, avec sa propre dette (ou un pays acheteur net finance sa dette avec la dette du pays dont la monnaie joue le rôle de monnaie internationale), ce qui n'est pas compatible avec le principe selon lequel nul ne paye avec sa propre dette ni avec la dette d'un autre.

Précision : Le non-respect de cette règle ne remet pas en cause les principes de l'économie. Il met en cause le fonctionnement du système monétaire et financier international actuel. Lorsqu'un pays « finance » ses achats nets avec sa propre monnaie, ce « financement » représente une reconnaissance de sa dette et non un paiement. Dans ce cas, en dernière analyse, c'est le pays vendeur net qui finance les achats nets de ce pays.

Règle n° 2

Proposition : La monnaie internationale doit être distincte de toute monnaie nationale ou régionale.

Démonstration : D'après le 4° principe, une unité de monnaie est nécessaire pour comptabiliser (mesurer) les échanges au niveau international. La monnaie internationale ne doit pas être représentée par une monnaie nationale car la monnaie de chaque pays représente le droit, légitime ou non, sur les produits de chaque pays considéré. Selon les règles de l'économie nationale, la monnaie nationale est destinée à monétiser et à mesurer sa production dans l'acte de la rémunération du travail, le revenu ainsi formé représente cette production nationale. La confusion entre monnaie nationale et monnaie internationale engendre une confusion entre le droit sur le produit national et le droit sur le produit présenté sur le marché international. Or, le revenu monétaire de chaque nation représente le droit sur les produits de chaque nation considérée, tandis que chaque nation obtient un droit sur le marché international par la vente de son produit. Par conséquent, la monétisation des échanges internationaux exige une monnaie internationale et par là même l'existence d'un organisme monétaire et financier international indépendant.

Précision : Le non-respect de cette règle ne remet pas en cause les principes de l'économie internationale. Il met en cause le fonctionnement d'un système monétaire et financier international qui confond monnaie nationale et monnaie internationale. Il met en cause aussi la responsabilité des dirigeants nationaux qui ont accepté et mis en place un tel système. Il met en cause enfin la responsabilité des dirigeants des organisations internationales qui ont en charge les problèmes monétaires et financiers au niveau international.

Règle n° 3

Proposition : Les taux de change des monnaies doivent être établis dans le respect de la parité des pouvoirs d'achat.

Démonstration : Cette règle découle de l'objectif des échanges, qui est l'enrichissement mutuel. Pour qu'il n'y ait pas de pays gagnants ni de pays perdants, les échanges doivent se réaliser dans le respect de l'équivalence. La parité des pouvoirs d'achat permet de déterminer quel montant de monnaie une nation doit échanger contre une unité de monnaie d'un autre pays pour pouvoir obtenir une quantité de produits équivalents dans les deux pays par la dépense de ce montant de monnaie.

Le respect de cette règle écarterait la principale cause de pillage des pays dont les monnaies sont sous-évaluées, pillage par la ruse.

Précision : Le non-respect de cette règle ne remet pas en cause les principes de l'économie. Il met en cause les autorités politiques et monétaires des pays et les dirigeants du Fonds Monétaire International (FMI), car ils ont en charge les relations monétaires et financières entre les pays. Il met en cause les dirigeants de l'Organisation Mondiale du Commerce, car ils ont en charge les relations des échanges entre les pays. Ces autorités politiques et monétaires nationales et ces dirigeants des organisations internationales passent sous silence le problème des taux de change arbitraires. Lorsque ces taux de change sont appliqués, les échanges ne sont pas réalisés dans l'équivalence, les pays gagnants (ceux dont les monnaies sont surévaluées) s'emparent d'une partie du pouvoir d'achat réel des pays perdants (ceux dont les monnaies sont sous-évaluées).

Règle n° 4

Proposition : Le capital financier (le profit et l'épargne) formé dans une nation est destiné à financer l'achat des produits d'investissement et de consommation dans cette même nation. Il ne doit donc pas être destiné au marché financier dit international.

Démonstration : Il découle du 2° principe de l'économie internationale que les achats sont financés par les ventes ; il découle des 5°, 8°, 9°, 10° et 11° principes de l'économie salariale que le revenu formé dans une nation est destiné à être dépensé sur le marché des produits de la nation considérée ou de l'ensemble des nations à économie intégrée. Le capital financier national représente une partie du revenu formé dans chaque nation ; il est donc destiné à être dépensé sur le marché des produits afin que sa contrepartie réelle soit écoulée dans chaque nation considérée ou dans les nations à économie intégrée et afin que les entreprises récupèrent le montant de monnaie qui leur a permis de monétiser la production dans l'acte de la rémunération du travail. Le non-respect de cette règle met en danger l'avenir des entreprises des pays dont les financiers placent leurs capitaux sur le marché financier dit international.

Précision : Le non-respect de cette règle ne remet pas en cause les principes de l'économie. Il met en cause le fonctionnement des systèmes monétaires et financiers nationaux et le fonctionnement du système monétaire et financier international. Il met en cause la confusion entre le marché financier national et le marché financier international qui doit s'intéresser uniquement à la source du financement des achats nets au niveau international (cf. règle n° 7).

Règle n° 5

Proposition : Une nation (ou un ensemble de nations à économie intégrée) ne doit pas placer son capital financier dans d'autres nations.

Démonstration : Cette règle découle des 2°, 3°, 4° et 9° principes de l'économie salariale. Le revenu formé dans chaque nation est destiné à écouler sa contrepartie, le produit, dans le pays où il est réalisé (le produit ou son équivalent : les produits importés pour le montant des produits exportés). Tout placement financier d'une nation dans d'autres nations constitue une cause d'insuffisance de la demande globale et une cause d'aggravation de la situation de l'emploi dans la nation qui est à l'origine de placements extérieurs[13]. Par conséquent, il ne doit pas y avoir de mouvements de capitaux financiers au niveau international.

[13] Cette situation ne remet pas en cause les principes n° 3, n° 4 et n° 8. En effet, le produit qui représente la contrepartie du revenu (capital financier placé dans d'autres nations) ne peut pas être demandé car le montant du revenu qui le représente a été retiré.

Règle n° 6

Proposition : Aucune nation (ou aucun ensemble de nations à économie intégrée) ne doit accepter les placements financiers venant de l'extérieur.

Démonstration : Cette règle découle de la précédente. Aussi, d'après les 2° et 3° principes de l'économie salariale, le revenu formé dans chaque nation représente la valeur monétaire de la production de la nation considérée, ce qui signifie que le montant du revenu formé dans chaque nation est un montant nécessaire et suffisant pour écouler le produit réalisé dans chaque nation considérée. Par conséquent, aucun pays n'a besoin de la monnaie d'un autre pays ni pour émettre sa propre monnaie, ni pour écouler son propre produit. Toute entrée de devises converties en monnaie nationale exerce un prélèvement illégitime. Cette règle peut être assimilée à la 2° règle de l'économie salariale. En effet, dans le système bancaire actuel, toute entrée de devises dans une nation (par exemple, placements financiers venant de l'extérieur) constitue une source de prélèvements illégitimes sur le pouvoir d'achat réel des titulaires de revenu dans la nation considérée.

Précision : Le non-respect des règles n° 4, 5 et 6 ne remet pas en cause les principes de l'économie. Il met en cause le fonctionnement des systèmes monétaires et financiers nationaux et le système monétaire et financier international.

Règle n° 7

Proposition : Les achats nets d'un pays ou d'un ensemble de pays doivent être financés par les ventes nettes d'autres pays.

Démonstration : Définition : dans une économie d'échange (économie internationale) l'ensemble des achats est équivalent à l'ensemble des ventes. D'après le 2° principe de l'économie internationale, les achats sont financés par les ventes. D'après le 3° principe de l'économie internationale, les achats nets sont équivalents aux ventes nettes. Il découle de cette définition et de ces principes que les achats nets des pays déficitaires doivent être financés par le résultat des ventes nettes des pays excédentaires. Le respect de cette règle ne fait apparaître aucune liquidité internationale.

Précision : Le non-respect de cette règle ne remet pas en cause les principes des échanges internationaux. En dernière analyse, ce sont les pays vendeurs nets qui financent les achats nets d'un pays qui finance ses achats nets par sa propre monnaie. Dans ce cas, la monnaie de ce pays détenue par d'autres pays représente sa reconnaissance de dette.

Ces principes et ces règles ne sont pas fondés sur des hypothèses mais découlent d'un raisonnement rigoureux et des déductions logiques des prémisses et principes de l'économie.

L'étude de ce chapitre permet de constater, à plusieurs niveaux, les évolutions importantes apportées par la nouvelle théorie par rapport aux analyses des auteurs classiques et keynésiens. Elle permet en particulier de constater une rupture radicale avec la théorie actuellement dominante.

III. La nouvelle théorie écarte les faux problèmes

Depuis que les théories économiques sont apparues, les auteurs des différents courants de pensée tentent de résoudre certains problèmes qui les préoccupent, problèmes résultant soit de constats, soit du fonctionnement de l'économie. Or, une analyse rationnelle permet d'établir qu'une partie de ces problèmes sont de faux problèmes.

1° La détermination du pouvoir d'achat de la monnaie préoccupe ces auteurs. Ils constatent que, si l'on détient de la monnaie, on peut exercer un pouvoir d'achat. Ils constatent aussi que, lorsque la quantité de monnaie augmente proportionnellement plus vite que la quantité de produit, il faut plus de monnaie pour acheter la même quantité de produits. En partant de ces constats, ils établissent la théorie quantitative de la monnaie, qui permet, font-ils croire, de résoudre le problème de la détermination du pouvoir d'achat de la monnaie. Selon cette théorie, le pouvoir d'achat de la monnaie est inversement proportionnel à sa quantité par rapport à la quantité de produits échangés sur le marché. Or, la théorie quantitative confond monnaie et revenu monétaire, de ce fait, elle se trouve dans l'impossibilité de distinguer le pouvoir d'achat légitime du pouvoir d'achat illégitime exercé sur le marché des produits.

La nouvelle théorie économique que je présente permet de démontrer que le problème posé par la détermination du pouvoir d'achat de la monnaie est un faux problème. Pour établir les principes et règles de l'économie, la nouvelle théorie part de l'objectif de l'économie, qui est la satisfaction des besoins économiques. Selon le premier principe, la production seule permet de satisfaire les besoins économiques des individus. Sans la production, il n'y a pas de produit et donc aucun besoin économique ne peut être satisfait. Selon le deuxième principe, la production seule est source de revenu. Ce principe établit que, pour obtenir un revenu (un droit légitime sur les produits), il faut participer à la réalisation de la production de biens et de services. D'après ces principes, ce n'est pas la monnaie mais le revenu, obtenu grâce à la participation à la réalisation de la production, qui a un droit légitime sur les produits. Il en résulte que toute monnaie qui entre dans l'économie sans avoir été transformée en revenu et qui est dépensée sur le marché des produits exerce un prélèvement illégitime. Les prélèvements illégitimes amputent proportionnellement le pouvoir d'achat réel des titulaires de revenu légitime. En effet, dès lors que l'on établit que ce n'est pas la monnaie mais le revenu qui a un droit légitime sur les produits, le problème de la détermination du pouvoir d'achat de la monnaie s'avère être un faux problème.

2° La détermination de la répartition, du partage du produit national ou revenu national, préoccupe les auteurs des différents courants de pensée. Ils constatent que le produit est partagé entre le salaire du travail, l'intérêt ou dividende du capital et la rente de la terre. Ce constat les amène à poser le problème de la détermination des règles du partage du produit. Nous l'avons vu dans les chapitres précédents, chaque courant de pensée propose ses règles de partage du produit. Toutes ces règles sont arbitraires et n'ont pas, ne peuvent pas avoir, de fondement rationnel. En fait, elles se révèlent être partisanes, car elles défendent les intérêts de certaines catégories de la population et leur application fait apparaître des gagnants et des perdants.

Précisons que le problème de la répartition ne se pose pas dans une économie artisanale où l'artisan est propriétaire de ses moyens de production. Il se pose dès lors qu'apparaît la séparation entre les utilisateurs et les propriétaires des moyens de production, terre, capital, etc. La nouvelle théorie part de l'objectif de l'économie, qui est de satisfaire les besoins économiques des individus. Selon les principes n° 2 et 3, c'est la production qui permet de satisfaire ces besoins et qui est la source du revenu. Sans la production il n'y a ni produit ni revenu, donc aucun besoin économique ne peut être satisfait. Le principe n° 6 établit que le travail seul est la cause de la production, ce qui signifie que pour avoir un revenu légitime, il faut participer à la réalisation de la production. En fait, le capital est un élément technique qui résulte de la production et dont l'achat est financé par un revenu déjà formé. La terre est un élément naturel et son appropriation est financée par un revenu déjà formé. En outre, rémunérer le capital et la terre n'a pas de sens, puisqu'ils n'ont pas de besoins économiques à satisfaire, leur rémunération est un non-sens économiquement et rationnellement. Ces principes écartent donc le problème de la répartition. En effet, dès lors que l'on établit, d'une part que la production est la source du revenu, d'autre part que le travail est la cause de la production, le problème de la répartition s'avère être un faux problème.

Ces principes permettent de démontrer que le montant qui rémunère les propriétaires des moyens de production est prélevé sur le revenu de tous ceux qui travaillent. L'économie salariale est monétisée dès la production dans l'acte de la rémunération des travailleurs qui participent à la réalisation de la production. Le montant du revenu ainsi formé est un montant nécessaire et suffisant dont la dépense sur le marché des produits écoule sa contrepartie, le produit. En réalité, c'est le profit qui constitue la source dans laquelle est puisé le montant destiné à verser des intérêts et dividendes. Mais le profit représente une partie du revenu des travailleurs captée par les entreprises. Le profit représente une sorte d'épargne forcée[14] des travailleurs. C'est pourquoi la règle n° 5 de l'économie salariale exige que le profit soit destiné uniquement à financer les investissements additionnels, afin d'augmenter le revenu futur des travailleurs et/ou afin d'améliorer la situation de l'emploi et les conditions de travail. Le profit est maximal lorsque l'épargne destinée aux entreprises est nulle. Dans ce cas, les entreprises considérées dans leur ensemble deviennent indépendantes du marché financier. D'après les principes n° 3 et 6, seule la participation à la réalisation de la production donne un droit légitime sur les produits. Or, les propriétaires du capital et de la terre, en tant que tels, ne participent pas à la réalisation de la production, par conséquent toutes les sortes de revenus (intérêts, dividendes, rente, etc.) qui leur sont distribués doivent être considérés comme des revenus indus, comme une sorte de spoliation des travailleurs.

3° La nécessité de l'intérêt destiné à récompenser les épargnants, la détermination des taux d'intérêt sur le marché monétaire, sur le marché financier et les politiques des taux d'intérêt préoccupent les auteurs des différents courants de pensée. L'indétermination du profit et le constat qui veut que l'épargne finance les investissements amènent ces auteurs à justifier la nécessité de payer des intérêts. Ils pensent même que, pour favoriser l'épargne, et donc l'investissement, il faut récompenser les épargnants. Certains de ces auteurs pensent aussi que le marché (par le jeu de l'offre et de la demande) constitue le meilleur endroit pour déterminer le taux de l'intérêt. D'autres auteurs pensent que, pour inciter les entrepreneurs à réaliser des investissements, les autorités politiques et monétaires doivent intervenir pour faire baisser le taux d'intérêt. A cette fin, ils proposent que ces autorités interviennent soit pour faire baisser le taux d'intérêt de base (fixé par la Banque

[14] Dans une économie artisanale, l'une des conditions importantes pour que l'artisan augmente sa production est qu'il épargne une partie de son revenu afin de financer l'achat de nouveaux instruments de travail, de matières premières, etc., une autre de ces conditions étant le perfectionnement de l'artisan.

Centrale), soit pour faire augmenter la quantité de monnaie, soit les deux à la fois. Ils ne font donc pas confiance au marché pour déterminer le taux d'intérêt qui favoriserait les investissements additionnels.

La détermination d'un taux d'intérêt dont le but est de récompenser les épargnants a deux limites qui lui enlèvent toute légitimité. Premièrement, nous l'avons vu, lorsque l'épargne destinée aux entreprises est nulle, le profit est maximal. Le montant du profit maximal est un montant nécessaire et suffisant pour financer l'achat des produits d'investissement réalisés dans un pays. Par conséquent, l'épargne n'est pas une nécessité absolue pour financer les investissements, ce qui signifie qu'il n'est nul besoin de récompenser les épargnants pour favoriser les investissements. Deuxièmement, l'acceptation de la proposition des auteurs qui exigent que les épargnants soient récompensés revient à accepter qu'être épargnant donne un droit sur une partie du produit. Elle revient à accepter que les catégories qui ont le plus de capacité à épargner doivent avoir proportionnellement plus de droits sur les produits. Or, nous l'avons vu, pour obtenir un droit légitime sur les produits, il faut participer à la réalisation de la production. En outre, la confusion entre monnaie et revenu amène les banques à exiger un intérêt lorsqu'elles émettent de la monnaie, or ce cas peut être assimilé à une sorte de seigneuriage des temps révolus.

Dans la nouvelle théorie économique, je propose une réforme du système bancaire national (cf. section VII) qui permet de distinguer clairement le rôle monétaire et le rôle financier des banques. et qui distingue aussi le taux d'intérêt monétaire et le taux d'intérêt financier. Le département monétaire émettra de la monnaie destinée uniquement à monétiser la production dans l'acte de la rémunération des travailleurs. La monnaie n'étant pas un pouvoir d'achat, le taux d'intérêt monétaire doit être fixé à un niveau qui permette d'assurer les frais de fonctionnement de ce même département. Ainsi sera écarté l'intérêt actuellement prélevé lorsque les banques émettent de la monnaie, intérêt qui peut être assimilé à un droit de "seigneuriage". Les départements financiers s'interposeront entre les épargnants et les emprunteurs. Etant donné que l'épargne a un pouvoir d'achat, il faut préserver le pouvoir d'achat réel des épargnants. Le taux d'intérêt financier doit donc être fixé à un niveau qui permette, d'une part d'assurer les frais de fonctionnement de ce même département, d'autre part de préserver le pouvoir d'achat réel des épargnants. Aussi le taux d'intérêt financier est-il susceptible de varier d'une période sur l'autre en fonction du taux d'évolution des prix. L'application de ce taux évitera que l'épargne devienne une source de revenu, une cause de prélèvement indu. On voit bien que le problème de la détermination des taux d'intérêt par le marché et par les autorités politiques et monétaires est un faux problème et on comprend par là que ceux qui posent ce problème ont pour objectif de défendre certaines catégories.

IV. Le respect des règles de la nouvelle théorie permet d'écarter les maux qui frappent les économies nationales

On est en droit de se poser la question de savoir pourquoi il existe des travailleurs pauvres dans les pays dits riches ou pourquoi, dans ces pays, certains travailleurs ne peuvent pas vivre du revenu de leur travail, pourquoi les pays dits industrialisés sont passés d'une situation de plein-emploi, voire de suremploi, à une situation de sous-emploi, pourquoi dans les pays dits démocratiques la lutte des classes n'a pas disparu, etc.

1° Dans les pays dits riches, quelles sont les principales causes de la pauvreté relative ou absolue des travailleurs qui sont pourtant la cause de la production ? Nous pouvons en distinguer essentiellement deux, la deuxième étant en rapport avec la première. Premièrement, les principales causes de la pauvreté des travailleurs sont à rechercher dans l'application des règles arbitraires qui régissent le fonctionnement de l'économie et des institutions. L'application de la règle arbitraire selon laquelle il existe plusieurs facteurs ou causes de la production et de la règle arbitraire selon laquelle être épargnant donne un droit sur une partie du produit deviennent des causes de prélèvements indus qui diminuent proportionnellement le pouvoir d'achat réel des travailleurs. L'application des règles arbitraires qui régissent la création de monnaie et le fonctionnement du système bancaire actuel peut devenir une cause de prélèvements illégitimes, prélèvements qui diminuent proportionnellement le pouvoir d'achat réel des travailleurs. En fait, ces règles permettent aux banques de créer de la monnaie qui ne se transforme pas en revenu, mais qui est dépensée directement sur le marché des produits et donc qui exerce un pouvoir d'achat illégitime. Deuxièmement, lorsque l'économie et les institutions sont régies par des règles arbitraires, les lobbies peuvent exercer leur influence et imposer leurs exigences. Ce cadre permet, par exemple, aux lobbies des dirigeants des grandes entreprises et organismes financiers de s'accorder des revenus exorbitants, donc indécents car non légitimes, des stock-options (source de revenus indus) et des avantages en nature (pouvoir d'achat indu). Ces revenus indécents, revenus indus et pouvoir d'achat indu diminuent proportionnellement le pouvoir d'achat réel des travailleurs. C'est l'ensemble de ces prélèvements indus, illégitimes et revenus indécents qui est à l'origine de la pauvreté de certains travailleurs et qui leur enlève la possibilité de vivre du revenu de leur travail. Précisons que l'aide sociale aux travailleurs qui ont un emploi ne serait pas nécessaire si l'on écartait les prélèvements indus et illégitimes, causes de leur pauvreté. En fait, les travailleurs ne souhaitent pas vivre de l'aide, de la charité, ils veulent vivre du revenu de leur travail.

Des principes économiques découlent logiquement les règles du fonctionnement normal, harmonieux, de l'économie et des institutions. Le respect de ces règles écarterait les prélèvements indus et illégitimes et, de ce fait même, permettrait aux travailleurs de vivre du revenu de leur travail. Le principe n° 6 établit que seul le travail est la cause de la production. L'une des règles qui découlent de ce principe exige que seule la participation à la réalisation de la production donne un droit légitime sur les produits. Le respect de cette règle écarterait les prélèvements indus. Une autre règle (n°2 de l'économie salariale) qui découle des principes exige que le système bancaire crée de la monnaie uniquement pour monétiser la production dans l'acte de la rémunération des travailleurs. Le respect de cette règle écarterait les prélèvements illégitimes. La nouvelle théorie économique établit la nécessité et l'interdépendance des différentes sortes de travail. Cette nécessité et cette interdépendance imposent aux dirigeants politiques et économiques de déterminer, dans une économie salariale, en fonction des critères établis, une échelle des salaires, par exemple, de un à dix et, par l'intermédiaire des impôts, de maintenir la même échelle pour le revenu des professions libérales.

2° La connaissance de ces principes et de ces règles permettrait d'établir les causes de l'apparition et du développement du chômage dans les pays dits industrialisés. Les classiques établissent une relation entre le niveau des investissements et le niveau de l'emploi, relation que Keynes complète en ajoutant, avec raison : "pour une technologie donnée". Cette relation permet de déterminer l'une des principales causes de la persistance du chômage dans certains pays (essentiellement dans les pays en développement). Cette cause est l'insuffisance chronique des investissements, elle-même due à l'insuffisance de moyens financiers. Une autre cause du chômage dans ces pays est l'insuffisance du niveau de l'enseignement et de la formation. Or, jusqu'à présent, les pays industriels ne souffrent ni d'une insuffisance de moyens financiers ni d'une insuffisance du niveau de l'enseignement et de la formation. Néanmoins, ces avantages pourraient ne pas durer. La désindustrialisation, l'aggravation de la situation de l'emploi, la dégradation de la situation des finances publiques, la dégradation de la situation de la balance commerciale, etc. peuvent mettre à mal l'avenir économique, social, éducatif des pays dits industrialisés.

Nous devons donc nous intéresser au problème de savoir quelles sont les principales causes qui ont fait passer les pays industrialisés d'une situation de plein-emploi (voire de suremploi) à une situation de sous-emploi. En fait, durant la période où ils se trouvaient dans une situation de plein-emploi, ces pays produisaient leurs propres moyens de production et une bonne partie de leurs propres produits de consommation. La réalisation de ces produits faisait apparaître un revenu dont la dépense permettait de financer leur achat. C'était la période des Trente Glorieuses. En outre, durant cette période, il n'y avait pas de délocalisations de masse, car dans les pays où, par la suite, les entreprises des pays industrialisés ont délocalisé, il n'y avait pas encore suffisamment de main-d'œuvre qualifiée. Toutefois, pour que les délocalisations aient pu devenir effectives et massives, essentiellement dans les pays émergents et en voie de développement, il fallait que plusieurs autres conditions fussent réunies.

Premièrement, pour qu'une entreprise ait intérêt à délocaliser, il faut que les taux de change n'aient pas été établis dans le respect de la parité des pouvoirs d'achat et, dans ce cas, c'est le FMI qui a failli en ne remplissant pas l'une de ses prérogatives, prérogative qui est de s'assurer que les taux de change sont établis dans le respect de la parité des pouvoirs d'achat afin que les échanges se réalisent dans l'équivalence. En effet, ce qui fait croire que la main-d'œuvre est moins chère dans les pays dont les monnaies sont sous-évaluées par rapport aux monnaies des pays dont les financiers délocalisent leurs entreprises, c'est que les taux de change ne sont pas établis dans le respect de la parité des pouvoirs d'achat. Deuxièmement, il faut qu'ait été établie la libre circulation des marchandises, ce qui a été imposé, sous l'influence des financiers, par l'Organisation Mondiale du Commerce et accepté par les dirigeants des divers pays. Mais tous ont passé sous silence le fait que les taux de change étaient et sont toujours établis arbitrairement. Cette condition permet aux financiers qui ont délocalisé leurs entreprises de faire produire dans les pays où les monnaies sont sous-évaluées, de vendre les produits ainsi réalisés dans les pays où les monnaies sont surévaluées et de réaliser des profits substantiels. Un exemple : certains produits réalisés par ces entreprises dans les pays dits en développement ou émergents peuvent être vendus de cinquante à cent fois leur coût de production dans les pays dits industrialisés. Le profit ainsi réalisé permet d'augmenter de façon considérable les dividendes des actionnaires (financiers) de ces entreprises. On voit clairement pourquoi les financiers des entreprises sont favorables aux délocalisations. Troisièmement, enfin, pour que les financiers aient intérêt à délocaliser leurs entreprises il faut qu'ait été établie la libre circulation des capitaux financiers de par le monde, ce qui a été imposé, toujours sous l'influence des financiers, par le FMI et appliqué par les dirigeants des divers pays. Or, l'une des règles du fonctionnement normal de l'économie nationale exige que le revenu formé dans un pays soit destiné au marché des produits de ce même pays.

Pour les pays dont les financiers délocalisent leur production ou leurs entreprises, les conséquences néfastes sont multiples. Premièrement, les financiers qui délocalisent leur production n'investissent plus dans leur pays d'origine. Par conséquent, si la population active augmente dans ce pays, le chômage augmente. Deuxièmement, les financiers qui délocalisent leurs entreprises non seulement n'investissent plus dans leur pays d'origine mais ils y ferment des entreprises. Dans ce cas, même si la population active n'augmente pas, le chômage augmente. Troisièmement, les délocalisations deviennent la principale cause, en premier lieu, du fléchissement de la croissance, puis de la baisse de la production, ce qui engendre une diminution des recettes de l'Etat et des organismes de protection sociale, alors que l'aggravation de la situation de l'emploi fait augmenter les dépenses sociales. Dans un premier temps, l'Etat tente de maintenir le niveau de son budget par des emprunts publics. Par la suite, le poids des charges de l'endettement de l'Etat contraint les autorités politiques à diminuer le budget de l'Etat et, par conséquent, les services rendus par l'Etat. Ainsi, d'une part l'aggravation de la situation de l'emploi, d'autre part la diminution des services rendus par l'Etat, services tels que l'enseignement, la formation, la sécurité, la justice, etc. rendent plus difficile l'intégration dans la vie économique et sociale, situation susceptible d'aggraver l'insécurité. Quatrièmement, les délocalisations engendrent la désindustrialisation et la perte des savoir-faire dans les pays dont les entreprises délocalisent. Ces pays deviennent de plus en plus dépendants des produits importés. Leur balance commerciale devient de plus en plus déficitaire. Dans un premier temps, le marché financier international leur fait confiance pour qu'ils financent par des emprunts le déficit de leur balance commerciale. Mais cette confiance diminue au fur et à mesure que leur endettement extérieur augmente. Le chômage de masse, le déficit chronique du budget de l'Etat, la diminution des services rendus par l'Etat, la dépendance vis-à-vis des produits importés, le déficit de la balance commerciale et l'endettement extérieur sont les caractéristiques des pays sous-développés. Il apparaît clairement qu'il est urgent de prendre des mesures afin d'écarter le risque que les pays industrialisés ne deviennent des pays sous-développés. Mais avant d'étudier ces mesures, nous devons savoir si les délocalisations sont favorables à la population des pays où ces entreprises s'implantent.

La réponse est non, comme je le démontre dans plusieurs de mes ouvrages. En effet, deux éléments liés sont responsables d'une perte de pouvoir d'achat réel pour les travailleurs par rapport au niveau de la production dans ces pays. D'une part les monnaies de ces pays sont largement sous-évaluées, d'autre part les produits réalisés par ces entreprises sont destinés aux marchés des pays dits industrialisés, de ce fait ces pays, et donc leurs travailleurs, n'obtiennent qu'une petite partie des produits réalisés dans leur pays par ces entreprises. En fait, actuellement, pour s'industrialiser, ces pays sont obligés de payer une rançon aux financiers de ces entreprises. Un exemple : si la monnaie d'un pays où ces entreprises s'implantent est cinquante fois sous-évaluée, ce pays n'obtient que l'équivalent d'un cinquantième des produits qu'il exporte, ce qui signifie que les travailleurs de ce pays ne bénéficient que de l'équivalent d'un cinquantième des produits réalisés par ces entreprises. Cela représente une sorte du pillage de ces pays par la ruse, c'est-à-dire du fait que leurs monnaies sont sous-évaluées et cette situation est encore plus grave dans le cas où le pays émergent ou en développement où ces entreprises sont implantées réalise une balance commerciale excédentaire. Ainsi, par exemple, si l'excédent de la balance commerciale de ce pays est équivalent aux produits réalisés par ces entreprises, les travailleurs de ce pays reçoivent un revenu vide de pouvoir d'achat réel pour le montant de cet excédent.

Le constat de la réalité actuelle et la propagande des lobbies des financiers font croire que l'industrialisation de certains pays ne peut se réaliser qu'au prix de la désindustrialisation d'autres pays. Pour donner un semblant de "préoccupation humanitaire" à leurs actions de délocalisations, les lobbyistes des financiers avancent deux arguments, en fait deux affirmations qui consistent à dire que les habitants des pays émergents et en développement ont autant besoin de travailler et de satisfaire leurs besoins économiques que les habitants des pays industrialisés. Ils affirment que les pays industrialisés doivent plutôt développer la recherche et réaliser des produits à haute valeur ajoutée et que les pays émergents et en développement doivent réaliser des produits à basse valeur ajoutée. Mais qu'en est-il réellement ?.

Pour savoir si la première affirmation, qui semble être une attention noble, est compatible avec l'action des financiers, nous devons répondre à plusieurs questions.

Premièrement, est-il vrai que les financiers délocalisent leur production et leurs entreprises pour améliorer le pouvoir d'achat réel des habitants des pays où ils implantent leurs entreprises ? Non, leur objectif est de maximiser la rentabilité de leurs capitaux car ils ne délocalisent pas leurs entreprises dans n'importe quel pays émergent ou en développement. Seuls les pays émergents et en développement qui remplissent à la fois au moins les trois conditions suivantes leur offrent l'occasion d'atteindre leur objectif : avoir suffisamment de main-d'œuvre qualifiée, avoir une monnaie sous-évaluée, avoir un régime politique stable. C'est à ces seules conditions que les financiers décident de délocaliser leurs entreprises dans ces pays et de vendre les produits réalisés par ces entreprises dans les pays où les monnaies sont surévaluées, afin de réaliser des profits substantiels. Nous l'avons vu, cette situation constitue une sorte de pillage de ces pays, ce que j'ai appelé pillage par la ruse. Il apparaît clairement que l'objectif de ces financiers n'est nullement d'aider les habitants des pays où ils implantent leurs entreprises, mais d'améliorer la rentabilité de leurs capitaux financiers.

Deuxièmement, est-il vrai que l'industrialisation de certains pays ne peut se réaliser qu'au prix de la désindustrialisation d'autres pays ? Non, car les deux conditions économiques essentielles de l'industrialisation d'un pays sont, d'une part le fait d'avoir suffisamment de main-d'œuvre qualifiée, d'autre part, le fait d'avoir suffisamment de moyens financiers pour financer l'achat des équipements nécessaires à cette fin. Les pays qui ont réalisé la première condition mais pas la seconde n'ont pas besoin de l'implantation d'entreprises qui les pillent et qui désindustrialisent les pays qui sont à l'origine de leur financement. Ils ont besoin d'une solidarité internationale qui doit véritablement et honnêtement jouer son rôle. La réforme du système monétaire et financier international que j'ai proposée m'a amené à établir les conditions de la constitution d'un fonds de solidarité internationale (cf. section IX). Ce fonds prendra en charge le financement de l'industrialisation de ces pays. Dans ce cas, l'évolution économique de certains pays ne se réalisera plus au détriment de l'évolution économique d'autres pays. L'ensemble des pays en développement et émergents auront, selon l'évolution de leur économie, la possibilité de satisfaire les besoins économiques de leur population, sans se faire piller.

Quant à la deuxième affirmation, à savoir que les pays industriels doivent développer la recherche et réaliser des produits à haute valeur ajoutée et que les pays émergents et en développement doivent réaliser des produits à basse valeur ajoutée, c'est une idée prétentieuse, humiliante, perverse, à courte vue et donc trompeuse. Elle est prétentieuse, car elle prétend que les pays industrialisés détiennent pour toujours le monopole du savoir et de la recherche. Elle est humiliante, car elle fait croire que les pays émergents et en développement ne sont pas aptes à développer leur secteur d'éducation et de formation ni à réaliser la recherche. Elle est perverse, car elle trompe aussi bien les populations des pays industrialisés que celles des pays émergents et en développement. Elle est à courte vue et trompeuse, il suffit pour s'en convaincre de constater que certains pays émergents réalisent déjà des produits à haute valeur ajoutée, qu'ils ont mis en place des centres de recherche parmi les plus performants du monde, etc.

Enfin, il convient de souligner que lorsque la règle de la détermination des taux de change dans le respect de la parité des pouvoirs d'achat sera respectée, les pays émergents et en développement ne pourront plus compter sur les entreprises délocalisées pour s'industrialiser, car les financiers, dont l'objectif est de réaliser des profits substantiels, n'auront plus aucun intérêt à délocaliser leurs entreprises. En outre, lorsque la règle selon laquelle le revenu (profit et épargne) réalisé dans chaque pays doit être destiné à être dépensé sur le marché des produits de chaque pays concerné sera respectée, il n'y aura plus de mouvements de capitaux au niveau international. Lorsque toutes ces règles seront respectées, chaque pays tentera d'atteindre l'objectif de l'économie grâce aux produits qu'il aura la capacité de réaliser lui-même, selon les possibilités de ses ressources naturelles ou du financement de leurs achats, la formation de sa main-d'œuvre, sa capacité à utiliser les nouvelles technologiques, etc. Par exemple, la France pourra réaliser ses vêtements, ses chaussures, son électroménager, ses produits d'informatique, ses voitures, etc. Pour les produits qu'elle pourra réaliser, elle deviendra indépendante, totalement ou partiellement, des produits importés. Cette situation permettra d'améliorer la situation de l'emploi dans chaque pays, d'écarter le pillage de certains pays et le gaspillage d'énergie engendré par la mondialisation actuelle.

V. Le respect des règles de la nouvelle théorie permet d'écarter les problèmes de l'économie nationale

Les économistes, les dirigeants politiques et les autorités monétaires pensent qu'il est possible de résoudre certains problèmes par des politiques monétaires. Nous pouvons distinguer essentiellement deux sortes de politiques monétaires : celles qui ont pour objectif de maîtriser l'inflation-hausse des prix et celles qui ont pour objectif de relancer l'économie afin de faire face au fléchissement de la croissance, à la récession et à la dégradation de la situation de l'emploi qui en résulte. Si nous parvenons à démontrer que, d'une part ces politiques ne s'attaquent pas à la racine des maux qu'elles tentent d'écarter, d'autre part aucune politique monétaire n'est nécessaire lorsque les règles du fonctionnement normal de l'économie sont appliquées, nous serons parvenu à établir que les politiques monétaires ne sont d'aucune utilité et que, pire encore, elles peuvent engendrer des conséquences néfastes.

1° Nous devons distinguer deux sortes d'inflations : l'inflation-hausse des prix et l'inflation-déséquilibre.

Premièrement, l'inflation-hausse des prix, qui détermine l'évolution des prix d'une période sur l'autre, constitue un problème qui préoccupe depuis des siècles les économistes, les dirigeants politiques et les autorités monétaires. A travers cette sorte d'inflation, ils prétendent déterminer les variations du pouvoir d'achat de la monnaie. Ces économistes, dirigeants politiques et autorités monétaires font croire que le pouvoir d'achat de la monnaie change du fait des variations du niveau des prix. Or, nous l'avons vu, la monnaie n'a pas de pouvoir d'achat, ils s'attaquent donc à un faux problème. Néanmoins, ils proposent de maîtriser l'inflation-hausse des prix par des politiques monétaires. Mais, dans une économie salariale, les variations des prix peuvent avoir plusieurs causes telles que, par exemple, les variations des rémunérations des travailleurs, les variations du prix des produits importés, les variations du prix des matières premières, le changement de la technologie employée dans la réalisation de la production, les variations du taux de profit, etc. Il apparaît clairement que les politiques monétaires ne peuvent avoir aucun effet sur ces causes. Or, ces économistes, dirigeants politiques et autorités monétaires proposent de maîtriser la hausse des prix par des politiques monétaires, même dans une économie salariale, ce qui est un non-sens. En effet, la quantité de monnaie qui monétise l'économie salariale est déterminée à la production, tandis que les prix sont déterminés au moment de l'échange, ce qui signifie que les politiques monétaires n'ont aucun effet sur le montant de revenu déterminé dès la production. Par conséquent, toute politique monétaire perturbe le fonctionnement normal de l'économie.

Deuxièmement, la nouvelle théorie économique s'intéresse à l'inflation-déséquilibre monétaire qui, elle, a un sens, puisqu'elle détermine la perte de pouvoir d'achat réel du revenu dans la même période. Dans une économie salariale, le revenu est déterminé à la production dans l'acte de la rémunération des travailleurs. Le revenu ainsi formé représente le droit ou le pouvoir d'achat sur l'ensemble du produit réalisé dans chaque pays concerné. Il représente la valeur monétaire de l'offre globale. L'équilibre monétaire est réalisé lorsque la valeur monétaire de la demande globale est égale à la valeur monétaire de l'offre globale. Cette égalité signifie que seul le revenu formé à la production est dépensé sur le marché des produits. Elle signifie aussi que le revenu ainsi formé a exercé son droit sur tout le produit. Dans ce cas, l'une des règles de l'économie salariale est respectée : seule la valeur de l'offre globale a constitué la source de la demande globale. L'inflation-déséquilibre monétaire résulte de la supériorité de la valeur monétaire de la demande globale (le montant du revenu et de la monnaie dépensé sur le marché des produits) sur la valeur monétaire de l'offre globale (le montant du revenu formé à la production). Dans ce cas, le revenu n'exerce pas son droit légitime sur tout le produit. Le montant de monnaie qui représente cette différence détermine le montant qui a exercé un pouvoir d'achat illégitime, qui, lui-même, détermine la perte du pouvoir d'achat du revenu. Cette différence est la conséquence du fait que la règle n° 2 qui détermine la monétisation de l'économie salariale n'est pas respectée. Elle est due au fait que la théorie dominante et le système bancaire actuels confondent monnaie et revenu monétaire. L'inflation-déséquilibre monétaire engendre un profit net ou inflationniste, qui peut être dépensé indéfiniment sur le marché des produits et donc exercer indéfiniment un pouvoir d'achat illégitime. Dans ce cas, l'inflation-déséquilibre peut persister même dans la stabilité du niveau général des prix, toutes choses étant égales par ailleurs. Précisons que les politiques monétaires ne sont d'aucune utilité pour empêcher ou écarter l'inflation-déséquilibre et ses conséquences néfastes. Seul le respect des règles du fonctionnement normal du système bancaire permet d'éviter son apparition.

2° Certains économistes, dirigeants politiques et autorités monétaires font croire que les politiques monétaires sont susceptibles de faire face aux problèmes posés par le fléchissement de l'économie et par la récession qui ont pour conséquence l'aggravation de la situation de l'emploi. Ils font croire qu'il est possible d'améliorer ces situations par des politiques monétaires consistant à injecter de la monnaie dans l'économie. En fait, ils pensent que l'augmentation de la quantité de monnaie permet d'augmenter les investissements et donc d'améliorer la situation de l'emploi. Or, les politiques monétaires ne sont d'aucune utilité pour résoudre les problèmes posés, car elles ne s'attaquent pas aux causes qui les ont engendrés (par exemple, elles n'écartent pas les délocalisations). En fait, s'il était vrai que l'injection de monnaie dans l'économie permettait d'améliorer la situation de l'emploi, aucun pays (en développement ou industrialisé) ne devrait se trouver dans une situation de sous-emploi. En effet, la création de monnaie est un jeu d'écriture, le système bancaire de chaque pays pourrait donc créer le montant de monnaie nécessaire à cette fin.

Lorsque les règles du fonctionnement normal de l'économie seront respectées, les problèmes tels que le fléchissement de l'économie, la récession, l'aggravation de la situation de l'emploi ne se poseront plus. En fait, actuellement, les quatre principales causes de ces problèmes sont l'utilisation du revenu en tant que monnaie, les délocalisations, l'utilisation du revenu de façon durable dans le circuit qui alimente les spéculations et le déficit chronique de la balance commerciale.

- L'utilisation du revenu en tant que monnaie est une conséquence du non-respect des deux règles suivantes. Première règle : la monnaie seule est destinée à monétiser la production dans l'acte de la rémunération des travailleurs. Deuxième règle : le revenu ainsi formé est destiné uniquement à être dépensé sur le marché des produits. En effet, l'utilisation du revenu pour rémunérer les travailleurs devient une cause de l'insuffisance de la demande globale, de la faillite de certaines entreprises, du fléchissement ou de la récession et donc de l'aggravation de la situation de l'emploi. Lorsque ces deux règles seront respectées, ces conséquences néfastes n'apparaîtront plus.

- Les délocalisations sont une conséquence du non-respect d'une règle de l'économie nationale et de deux règles de l'économie internationale. La règle nationale : le revenu (profit et épargne) formé dans chaque pays est destiné à être dépensé sur le marché des produits du pays où il est formé. Cette règle n'est pas respectée lorsque le revenu (profit et épargne) d'un pays finance des investissements dans d'autres pays. Cette façon d'utiliser le revenu d'un pays provoque une insuffisance de la demande globale, la faillite de certaines entreprises, le fléchissement ou la récession et donc l'aggravation de la situation de l'emploi dans le pays concerné. La première règle internationale : les taux de change doivent être établis dans le respect de la parité des pouvoirs d'achat. La deuxième règle internationale : il ne doit pas y avoir de libre circulation des capitaux financiers au niveau international. Nous l'avons vu, les délocalisations sont les conséquences du non-respect de ces deux règles. Pour écarter les délocalisations et donc leurs conséquences néfastes, il suffit que les dirigeants au niveau national comme au niveau international fassent respecter ces règles.

- L'utilisation du revenu de façon durable dans le circuit qui alimente les spéculations est une conséquence du non-respect de la règle de l'économie nationale, selon laquelle le revenu formé dans chaque pays est destiné à être dépensé sur le marché des produits du pays concerné. En effet, le revenu qui alimente les circuits de spéculations est détourné du marché des produits durant toute la période où il alimente les spéculations. Cette façon d'utiliser le revenu (profit et épargne) provoque une insuffisance de la demande globale avec toutes les conséquences néfastes que cela entraîne, comme nous l'avons vu.

- Actuellement le déficit chronique de la balance commerciale provoque une insuffisance de la demande globale dans le pays qui la réalise, pour deux raisons dont les conséquences sont cumulatives. Premièrement, dans le pays qui réalise une balance commerciale déficitaire apparaît une offre sans demande. En effet, sur le marché de ce pays, du côté de l'offre, apparaissent les produits réalisés dans ce pays (importations moins exportations) et les produits représentant les importations nettes. Du côté de la demande apparaît le revenu dont le montant représente la valeur monétaire des produits réalisés dans le pays concerné. Dans ce cas, certaines entreprises du pays importateur net ne parviennent pas à récupérer, par la vente de leurs produits, la totalité du montant qui leur a permis de monétiser la production. Ainsi les importations nettes deviennent-elles une cause d'insuffisance de la demande globale avec ses conséquences néfastes. Deuxièmement, selon la "logique" de création et de destruction de monnaie dans le système bancaire actuel, l'achat de devises (dans ce cas pour financer les importations nettes) entraîne une destruction de monnaie pour le montant des devises achetées. Cette destruction de monnaie devient une cause d'insuffisance de la demande globale. Ces deux insuffisances de la demande globale sont cumulatives, ce qui aggrave leurs conséquences néfastes dans le pays importateur net.

Ces conséquences néfastes sont dues au non-respect des règles du fonctionnement normal de l'économie nationale et de l'économie internationale. Les systèmes monétaires et financiers nationaux actuels ne respectent pas les règles normales de la création et de la destruction de monnaie. La règle de la création de monnaie dans une économie salariale exige que la monnaie soit destinée uniquement à monétiser la production dans l'acte du versement des salaires. La règle de la destruction de monnaie exige que seuls les achats finals (ceux qui permettent aux entreprises de récupérer le montant qui leur a permis de monétiser la production et donc de rembourser le système bancaire) engendrent cette destruction de monnaie. La règle du fonctionnement normal de l'économie internationale exige que les achats nets des pays déficitaires soient financés par les ventes nettes des pays excédentaires. Selon cette règle, dans les pays importateurs nets, une sorte d'épargne forcée (dont le montant est égal au montant des exportations nettes) des pays exportateurs nets finance l'achat des produits représentant les importations nettes.

Dans la section consacrée à la réforme du système monétaire et financier international, je démontre que le fonctionnement normal des économies nationales et de l'économie internationale nécessite une articulation entre les systèmes monétaires et financiers nationaux et le système monétaire et financier international (cf. section X). Les principes de l'économie m'ont permis d'établir les règles dont le respect permet d'écarter les causes, d'une part de l'insuffisance de la demande globale, insuffisance due au fait qu'un pays réalise une balance commerciale déficitaire, d'autre part des prélèvements illégitimes dus au fait qu'un pays réalise une balance commerciale excédentaire.

Toutes ces situations que nous venons d'évoquer sont dues au fait qu'actuellement les systèmes monétaires et financiers nationaux et le système monétaire et financier international ne respectent pas les règles du fonctionnement normal de l'économie nationale et de l'économie internationale.

VI. Le problème de la "crise" de la dette des Etats

Nous avons vu que ce sont les autorités politiques qui sont les responsables de l'endettement de l'Etat, endettement qui continue à s'alourdir (cf. chapitre I section IX). Pour savoir comment faire face à la crise de la dette des Etats, crise qui, selon certains auteurs et politiques, représente un risque pour le système financier international, nous devons savoir comment cette dette est devenue un risque pour ce système, nous devons connaître les propositions avancées pour faire face à cette crise et les conséquences de leur application. Ensuite nous démontrerons que les crises financières concernent uniquement les financiers et non, comme on veut nous le faire croire, l'économie réelle, enfin nous proposerons des décisions à prendre.

1° Comment l'endettement des Etats est-il devenu un risque pour le système financier international, ou plus exactement quelle est la faute qui a été commise pour que certains établissent une relation entre la dette des Etats et le système financier international ? Les dirigeants ont commis une faute grave en décidant de financer une partie du déficit budgétaire de leur Etat par des emprunts extérieurs. En fait, cette façon de financer le déficit budgétaire revient à le financer par la création de monnaie. Or, aucun pays n'a besoin de la monnaie d'un autre pays pour créer sa propre monnaie. Par conséquent, aucun pays n'a besoin d'emprunts extérieurs pour financer le déficit budgétaire de son Etat. Les autorités politiques, monétaires et leurs conseillers qui ont agi de la sorte marquent la limite extrême de leur incompétence. En fait, la faute commise est la conséquence du non-respect des règles n° 4, 5, et 6 de l'économie internationale.

Pourquoi les Etats n'auraient-ils pas dû financer le déficit de leur budget par des emprunts sur le marché financier international ? Un Etat, un pays, pour pouvoir rembourser une dette contractée sur le marché financier international doit réaliser une balance commerciale excédentaire au moins équivalente aux charges de sa dette. Or, la majorité des pays endettés réalisent une balance commerciale déficitaire, d'où le risque de non-remboursement de leurs dettes dans des délais raisonnables. En réalité, par risque de la crise du système financier international, il faut entendre risque de non-remboursement de la dette des Etats. Par conséquent, le véritable objectif des autorités, au niveau national et international, est de savoir comment sauver la mise des financiers.

2° Des solutions viennent de certains économistes, financiers et politiques qui proposent l'intervention des Banques Centrales, du FMI et la constitution d'un fonds afin d'écarter, disent-ils, la crise de la dette des Etats et donc le risque d'une crise financière internationale. Mais en réalité ces propositions ont pour principal objectif de sauver les créanciers des Etats. En effet, non seulement ces solutions ne s'attaquent pas aux causes qui sont à l'origine de l'apparition et de l'aggravation du déficit budgétaire des Etats telles que, par exemple, le fléchissement de la croissance qui fait baisser les recettes des Etats concernés (cf.

chapitre I section IX), mais leur application a des conséquences néfastes.

3° Pour étudier ces conséquences, nous devons distinguer l'intervention des Banques Centrales et l'intervention du FMI. L'intervention de la Banque Centrale de chaque pays ne peut concerner que le financement du déficit budgétaire par des emprunts réalisés à l'intérieur de chaque pays, elle n'a donc aucun effet sur la dette extérieure. Mais cette intervention de la Banque Centrale devient une cause de prélèvements illégitimes et de profit inflationniste, ce qui est favorable aux financiers, car cela augmente les dividendes. En effet, la monnaie ainsi injectée dans l'économie ne respecte pas la règle normale de création de monnaie. De ce fait, cette monnaie ainsi injectée devient une cause d'inflation-déséquilibre, car elle n'a pas de contrepartie réelle dans l'économie considérée. Elle devient une cause d'apparition ou d'augmentation du profit inflationniste, dont le partage au profit des actionnaires augmente la rentabilité de leurs placements financiers. Elle devient donc une cause d'aggravation des inégalités économiques et sociales. Quant à l'intervention du FMI, elle concerne le financement du déficit budgétaire par des emprunts réalisés sur le marché financier international. Le FMI se charge alors de rembourser les financiers. Il se substitue donc aux Etats endettés en prenant en charge leurs dettes extérieures, ce qui est favorable aux financiers. Toutefois, l'intervention du FMI n'écarte pas le risque de la crise financière. En effet, le FMI doit emprunter auprès des financiers pour rembourser les financiers.

4° Nous devons savoir si une crise financière, au niveau national et au niveau international, a des conséquences sur l'économie réelle. En fait, le problème financier concerne la relation entre créanciers et débiteurs. Il ne concerne donc pas l'économie réelle. Au niveau national, à chaque période, le revenu apparaît et disparaît dans les achats finals. Ainsi à la fin de chaque période les entreprises considérées dans leur ensemble récupèrent le montant de monnaie qui leur a permis de monétiser la production dans l'acte de la rémunération des travailleurs. Si certains débiteurs ne remboursent pas leur dette, cela n'a aucun effet sur l'économie réelle car le montant emprunté a déjà été dépensé sur le marché des produits et donc récupéré par les entreprises. Selon les règles du fonctionnement normal de l'économie internationale, au niveau international les relations financières doivent concerner uniquement les pays importateurs nets et les pays exportateurs nets. Par conséquent, l'existence d'un marché financier international est une anomalie due au fonctionnement actuel du système monétaire et financier international qui fait apparaître la liquidité internationale. Si, néanmoins, un débiteur, au niveau international, ne rembourse pas sa dette, cela n'a aucun effet sur l'économie réelle, car cette situation concerne uniquement son créancier ou ses créanciers.

5° Comment faut-il traiter ladite crise de la dette des Etats face aux pressions des financiers et des marchés financiers ? Précisons qu'actuellement ces Etats lancent de nouveaux emprunts pour payer les intérêts des emprunts déjà contractés et renouveler les emprunts arrivés à échéance, ce qui signifie que leurs dettes augmentent. Ils trouvent des prêteurs s'ils acceptent de payer des taux d'intérêt plus élevés que ceux contractés auparavant. Les acteurs des marchés financiers présentent l'augmentation de ces taux d'intérêt comme une prime de risque, car ils considèrent que les Etats concernés n'ont pas la possibilité d'honorer leurs dettes. Mais comment peut-on prétendre que ces Etats deviennent plus solvables lorsque les charges de leurs dettes augmentent ? En effet, la hausse des taux d'intérêt alourdit les charges de la dette de ces Etats et, par conséquent, leur insolvabilité. Cette précision permet de remarquer que ce n'est pas la crise de la dette des Etats ni une crise financière qui préoccupent les financiers, leur unique souci est de réussir à créer des situations susceptibles de leur faire gagner encore plus d'argent avec de l'argent. En fait, les financiers ont constaté que jusqu'à présent ils avaient toujours pu tirer leurs marrons du feu. Ils ont toujours profité de toutes sortes de crises pour crier au loup et demander, voire exiger, l'intervention des Etats, des Banques Centrales, du FMI, etc., pour résoudre les crises dont ils sont les principaux responsables. Prenons l'exemple de la crise de la dette des Etats. Le montant de la dette des Etats et les charges de cette dette sont connus, ce qui signifie que les banques, les organismes financiers et les grands financiers connaissaient la situation de l'endettement de ces Etats, ils ont pris des risques sciemment en leur prêtant de l'argent, ils doivent donc les assumer. C'est la loi du marché qu'ils défendent, et ils en sont les farouches partisans, mais ils la défendent quand cela les arrange.

Pour mettre fin à telles situations et afin de mettre les banques, les organismes financiers et les grands financiers devant leurs responsabilités, les Etats concernés doivent déclarer qu'ils ne peuvent pas honorer leurs dettes extérieures. Cette décision permettrait de neutraliser les pressions exercées sur les marchés financiers et elle n'aurait aucun effet sur l'économie réelle, comme nous l'avons vu.

D'aucuns font croire que cette décision risquerait d'entraîner certaines banques et institutions financières dans la faillite et que, de ce fait, il n'y aurait plus d'argent pour faire fonctionner les économies nationales et l'économie internationale. Mais en réalité la faillite des institutions financières qui gèrent la liquidité internationale n'est pas dommageable et elle n'a pas d'effet sur la liquidité internationale. Elle n'est pas dommageable, car l'existence de la liquidité internationale est une anomalie, comme nous l'avons vu. Elle n'a pas d'effet sur la liquidité internationale, car sur les marchés financiers le montant perdu par les uns est gagné par les autres. Quant aux banques, il faut distinguer leurs rôles : dans la gestion de leur monnaie nationale et dans la gestion des devises. Les banques qui gèrent la liquidité internationale et qui ont pris le risque de placements hasardeux doivent assumer leurs prises de risque en négociant avec leurs créanciers l'échelonnement de leurs dettes dont le remboursement sera prélevé sur leurs profits[15]. Toutefois, il est important de préciser que leurs prises de risque sur les placements en devises n'a pas d'effet sur le montant qui

---

[15] "Les profits réunis des neufs plus grandes banques du début de l'année 2004 au milieu de l'année 2007 ont été de 305 milliards de dollars." Joseph E. Stiglitz, *Le Triomphe de la cupidité*, p. 259, Ed. LLL Les liens qui libèrent, 2010.

monétise l'économie salariale. En effet, à chaque période, les banques émettent le montant de monnaie nécessaire et suffisant qu'elles prêtent aux entreprises qui monétisent la production dans l'acte de la rémunération des travailleurs. A la fin de chaque période, les entreprises considérées dans leur ensemble, par la vente de leurs produits, récupèrent ce montant, ce qui leur permet de rembourser les banques. Il apparaît clairement que ceux qui crient au loup en établissant une relation entre l'endettement des Etats, la crise de la dette des Etats et le risque de crise financière aux niveaux national et international ont comme principaux objectifs, d'une part de dissimuler les fautes commises par eux-mêmes et par les dirigeants, d'autre part de défendre les financiers, et non les Etats concernés.

Enfin, il n'y aurait pas eu de pression exercée par les agences de notation (pour que les pays ne perdent pas, par exemple, leur triple A) si les autorités politiques et monétaires de chaque pays avaient appliqué les règles du fonctionnement normal de l'économie nationale, c'est-à-dire si elles avaient financé le déficit budgétaire de leur Etat par l'épargne intérieure de leur propre pays. Il n'en reste pas moins que les dirigeants se doivent d'écarter les causes du fléchissement de l'économie qui est à l'origine du déficit budgétaire de l'Etat ou de son aggravation, et, actuellement, ce sont les délocalisations qui en sont la principale cause.

VII. La réforme du système monétaire et financier national

Quatre règles régissent le fonctionnement normal du système bancaire national réformé : la règle de la monétisation de la production, la règle du financement des achats des titulaires de revenu, la règle du financement des achats nets des ménages et la règle du financement des investissements. La réforme du système monétaire et financier national permettrait de distinguer la monnaie du revenu monétaire et le revenu de la finance. Quatre départements faciliteraient l'application de ces règles : un département monétaire, un département du revenu et deux départements financiers. Le département monétaire crée de la monnaie qui, selon la règle qui régit la monétisation de la production dans une économie salariale, est destinée uniquement à monétiser la production dans l'acte de la rémunération des travailleurs, dans cet acte la monnaie devient le revenu monétaire. Le département du revenu intervient dès la formation du revenu. Selon la règle qui détermine la destination du revenu, le revenu est destiné uniquement au marché des produits. Toutefois, tous les titulaires de revenu ne dépensent pas tout leur revenu dans la période où il est formé, certains réalisent une épargne, implicite ou explicite. L'épargne implicite est destinée aux prêts à court terme. L'épargne explicite est destinée aux prêts à moyen et long termes. L'épargne représente une partie du revenu, elle est donc destinée au marché des produits. Le premier département financier prend en charge l'épargne destinée aux ménages qui exercent, dans une période donnée, des achats qui dépassent leur revenu (achats nets). Ce département intervient pour gérer les achats nets de certains ménages par l'épargne d'autres ménages. Cette sorte d'épargne n'a pas d'effet sur le niveau de profit des entreprises. Le profit et le montant représentant l'amortissement du capital constituent la partie du revenu des travailleurs captée par les entreprises, ils représentent l'épargne forcée des travailleurs. Ils sont donc destinés à financer les investissements. Le deuxième département financier prend en charge le montant représentant l'amortissement du capital, le profit et l'épargne des ménages prêtée aux entreprises. Ce département garantit que l'ensemble de ces montants sont, tous, destinés uniquement à financer les investissements (nouveaux ou de remplacement). Le profit est maximal lorsque l'épargne des ménages destinée aux entreprises est nulle. Dans ce cas, le montant représentant l'amortissement du capital et le profit représente la valeur des produits d'investissement réalisés, ce montant est donc nécessaire et suffisant pour financer l'achat de ces produits. Par conséquent, l'épargne des ménages destinée aux entreprises n'est pas une nécessité absolue, car elle diminue proportionnellement leur profit.

Au début de chaque période de production, la monnaie émise par les banques entre dans l'économie par les entreprises qui monétisent la production dans l'acte de versement des salaires. A la fin de chaque période de production, le revenu dépensé dans les achats finals permet aux entreprises considérées dans leur ensemble de récupérer le montant qui leur a permis de monétiser la production et de le restituer aux banques. En d'autres termes, à chaque période de production, la monnaie apparaît pour monétiser la production et disparaît dans les achats finals ; il en est ainsi du revenu monétaire. En fait, à la fin de chaque période de production, il ne reste plus que des créances et des dettes. Le premier département financier garde en mémoire les créances et les dettes entre les ménages. Le deuxième département financier garde en mémoire les créances et les dettes entre les entreprises et, dans le cas où le profit n'est pas maximal, les créances et les dettes entre ménages et entreprises. A chaque période une partie des entreprises qui reçoivent le montant représentant l'amortissement du capital et une partie des entreprises qui réalisent des profits ne les utilisent pas pour réaliser des investissements. Les montants représentant l'amortissement du capital et le profit non utilisés par les entreprises qui les ont constitués seront mis à la disposition des entreprises qui en ont besoin pour financer leurs investissements, selon des critères établis.

Le respect des règles qui régissent le fonctionnement normal du système bancaire réformé permet d'écarter les causes des prélèvements illégitimes et du dysfonctionnement de l'économie nationale. En d'autres termes, il permet d'assurer l'égalité entre la valeur monétaire de l'offre globale et la valeur monétaire de la demande globale. L'application de la règle n°5 du fonctionnement normal de l'économie nationale permet d'écarter les prélèvements indus. Le nouveau système est à même de distinguer le taux d'intérêt monétaire et le taux d'intérêt financier. Ces taux d'intérêt doivent être fixés selon des critères que nous avons établis (cf. section II de ce chapitre).

La nécessité de la Banque Centrale

L'existence de la Banque Centrale ne découle pas d'une exigence des principes de l'économie. Elle s'est imposée par la pratique et la nécessité de contrôler le fonctionnement des banques.

Le système bancaire réformé attribue à la Banque Centrale (banque de premier rang) deux rôles. 1° Dans chaque pays, le principal rôle de la Banque Centrale sera de contrôler, de surveiller, le fonctionnement des banques de second rang. Autrement dit, elle aura à s'assurer que les banques de second rang respectent les règles qui découlent des principes de l'économie et qui gouvernent la monétisation de l'économie et le financement des achats nets. La Banque Centrale doit avoir le pouvoir de sanctionner lourdement toute banque de second rang qui ne respecterait pas ces règles. Dans le nouveau système, la Banque Centrale n'aura ni un rôle monétaire ni un rôle financier, elle aura essentiellement un rôle de contrôle. 2° Un autre rôle de la Banque Centrale sera de centraliser et de gérer les relations financières de son pays avec les autres pays.

Il est important de remarquer que le nouveau système monétaire national n'aura nul besoin d'une politique monétaire pour ajuster la quantité de monnaie aux besoins de l'économie. En effet, lorsque les banques respectent la règle de la monétisation de l'économie, le montant de la monnaie émise par le système bancaire est un montant nécessaire et suffisant.

VIII. Le respect des règles de la nouvelle théorie permet d'écarter les problèmes de l'économie internationale

Nous vivons, jusqu'à présent, dans un monde où certains pays sont pillés, où apparaissent des pays perdants et des pays gagnants, où apparaissent des pays dominés et des pays dominants, où l'évolution économique de certains pays se fait aux dépens d'autres pays, où apparaissent de faux paiements qui sont à l'origine de la liquidité internationale, où les crises financières planétaires se succèdent, où des conflits régionaux d'origine économique perdurent, où une immense majorité de la population mondiale vit dans la misère alors qu'une minorité de la population mondiale vit dans l'opulence, etc. Ces situations ne sont pas des fatalités. Elles sont les conséquences de l'application des règles arbitraires qui ont régi et qui régissent encore le fonctionnement de l'économie internationale.

1° Actuellement, les taux de change sont établis arbitrairement, ce qui signifie que certaines monnaies sont sous-évaluées, d'autres surévaluées. Les taux de change ainsi établis sont à l'origine de deux conséquences néfastes. Premièrement, certains pays sont pillés du fait que leurs échanges avec d'autres pays ne se réalisent pas dans l'équivalence. Ainsi les échanges internationaux font-ils apparaître des pays gagnants et des pays perdants. Deuxièmement, les taux de change arbitraires favorisent les délocalisations qui aggravent la situation de l'emploi dans les pays dont les entreprises délocalisent et le pillage des pays où ces entreprises s'implantent. Dans ce cas l'évolution économique de certains pays se fait aux dépens d'autres pays, sans toutefois que la totalité du résultat de cette évolution profite aux travailleurs de ces pays, puisqu'ils sont pillés. Cette situation est susceptible de devenir une cause de conflit à l'intérieur des pays pillés. Elle est susceptible de devenir une cause de conflit à l'intérieur des pays où la situation de l'emploi s'aggrave. En fait, ces deux cas évoqués (premièrement et deuxièmement) peuvent être assimilés à une sorte d'esclavagisme dans les pays pillés, car le revenu de leurs travailleurs n'exerce pas son pouvoir d'achat sur la totalité des produits qu'ils réalisent.

Or, toutes ces conséquences néfastes n'apparaîtront plus lorsque les taux de change seront établis dans le respect de la règle selon laquelle les taux de change doivent être établis dans le respect de la parité des pouvoirs d'achat. Lorsque cette règle sera appliquée, les échanges internationaux se réaliseront dans l'équivalence et l'objectif des échanges, l'enrichissement mutuel, sera alors réalisé. Il n'y aura plus, non plus, de délocalisations dont l'objectif est de piller les pays où les entreprises délocalisées s'implantent.

2° Deux règles liées régissent le fonctionnement normal de l'économie d'échange (l'économie internationale est une économie d'échange). La première règle concerne la monétisation des échanges : l'émetteur de monnaie qui monétise les échanges ne doit pas être acheteur (nul ne paie avec sa propre dette, ni avec la dette d'un tiers). La deuxième règle concerne le financement des achats nets : les achats nets doivent être financés par les ventes nettes. Le non-respect de ces règles a plusieurs conséquences néfastes.

Premièrement, le non-respect de ces règles fait apparaître une confusion entre monnaie nationale et monnaie internationale, confusion qui est à l'origine de l'apparition de faux paiements. En fait, dès lors que la monnaie d'un pays est considérée comme monnaie internationale, ce pays obtient la possibilité de financer ses achats nets par sa propre monnaie. Dans ce cas, ce pays ne paie pas ses achats nets, il présente aux pays vendeurs nets une reconnaissance de dette représentée par sa monnaie. De faux paiements apparaissent aussi lorsque le pays dont la monnaie est considérée comme monnaie internationale finance par sa propre monnaie les achats nets d'autres pays. Ces deux façons de financer les achats nets sont à l'origine de l'apparition et de l'augmentation de la liquidité internationale.

Deuxièmement, dans le système monétaire et financier international actuel, la liquidité internationale peut avoir des effets sur les taux de change, sur les taux d'intérêt, et sur la spéculation. (i) Actuellement, les taux de change sont déterminés sur le marché par le jeu de l'offre et de la demande des monnaies. Les détenteurs de la liquidité internationale sont constamment à la recherche des placements les plus sûrs et/ou les mieux rémunérés. Les placements et déplacements de la liquidité internationale sur les divers marchés financiers sont susceptibles de faire varier les taux de change des monnaies des pays concernés. Ces variations des taux de change font apparaître des pays perdants et des pays gagnants et créent un climat d'incertitude pour les importateurs et exportateurs. (ii) Dans le système monétaire et financier international actuel, on raisonne en termes de liquidité. Ainsi les variations de l'offre et de la demande de la liquidité internationale font-elles varier les taux d'intérêt sur le marché financier international. (iii) La liquidité internationale constitue l'une des principales sources qui alimentent toutes sortes de spéculations.

Troisièmement, l'accumulation de la dette du pays dont la monnaie est considérée comme monnaie internationale constitue une menace, une épée de Damoclès, pour ce pays lui-même, pour ses créanciers et pour les systèmes financiers nationaux et le système financier international.

Lorsque les règles du fonctionnement normal du système monétaire et financier international seront respectées, les problèmes que nous venons d'évoquer, ainsi que d'autres, n'apparaîtront plus, de ce fait seront écartés les maux qui frappent actuellement l'économie internationale et les marchés financiers internationaux. Toutefois, si l'on veut faire respecter ces règles, c'est tout le système monétaire et financier international qu'il faut réformer. En outre, les dirigeants du nouveau système monétaire et financier international devront se rendre indépendants de l'influence des financiers et des dirigeants de l'ensemble des pays.

IX. La réforme du système monétaire et financier international

L'économie internationale est une économie d'échange. La nouvelle organisation (la Banque Mondiale Réformée) prendra en charge la fonction monétaire et la fonction financière internationales. Elle devra respecter les règles qui découlent des principes de l'économie internationale et qui doivent gouverner cette économie. L'un des principes fondamentaux de l'économie d'échange consiste en ceci : ce sont les ventes qui financent les achats. Deux règles découlent de ce principe. Première règle : les achats doivent être financés par les ventes. Deuxième règle : les achats nets doivent être financés par les ventes nettes. Ce principe et ces règles constituent les fondements premiers du fonctionnement du nouveau système monétaire et financier international. Pour distinguer ses deux rôles, monétaire et financier, le nouveau système disposera de deux départements : monétaire et financier.

Les échanges internationaux font apparaître deux ensembles de pays qui participent aux échanges.

Un premier ensemble de pays finance ses achats par ses ventes. Ce sont des pays qui réalisent une balance commerciale équilibrée. Dans ce cas, le rôle du nouveau système monétaire international consistera à monétiser les achats-ventes de cet ensemble de pays. Cette opération de monétisation sera prise en charge par le département monétaire du nouveau système. Etant donné que les balances commerciales des pays de cet ensemble seront équilibrées, à la fin de chaque période élémentaire (la journée, par exemple) ces pays ne dégageront ni excédent, ni déficit. Ce résultat découlera du fait que chaque pays de cet ensemble financera ses achats par ses ventes. Par conséquent, dans ce cas, aucune liquidité n'apparaîtra à la fin de chaque période. La monnaie apparaîtra pour monétiser les échanges et disparaîtra une fois les échanges terminés.

Dans le deuxième ensemble apparaissent deux sous-ensembles de pays : le premier sous-ensemble réalise une balance commerciale déficitaire et le deuxième sous-ensemble réalise une balance commerciale excédentaire. La relation entre ces deux sous-ensembles découle du deuxième principe de l'économie d'échange qui découle, lui-même, du premier principe : les excédents du deuxième sous-ensemble sont égaux aux déficits du premier sous-ensemble. Ce principe découle d'une tautologie : dans une économie d'échange, l'ensemble des achats est égal à l'ensemble des ventes, par conséquent, le montant des excédents des vendeurs nets est égal au montant des déficits des acheteurs nets.

La prise en charge de ces excédents et déficits constitue une opération financière, d'où la nécessité de faire apparaître un département financier dans le nouveau système. La deuxième règle régit le fonctionnement du département financier : les achat nets doivent être financés par les ventes nettes. L'application de cette règle amène ce département à prendre en charge les excédents et les déficits à la fin de chaque période élémentaire. Les excédents des pays vendeurs nets sont destinés à financer les déficits des pays acheteurs nets. Les excédents et déficits étant égaux, là non plus, aucune liquidité n'apparaît à la fin de chaque période. Dans ce cas aussi la monnaie apparaît pour monétiser les échanges et disparaît une fois les échanges terminés. Toutefois, dans ce cas, apparaissent des créances et des dettes qui doivent être prises en charge par le département financier.

Ainsi, dans le nouveau système monétaire et financier international n'apparaîtra plus aucune liquidité internationale. Ce résultat n'est pas surprenant, il découle essentiellement du respect de deux règles, dont l'une régit le fonctionnement du département monétaire qui monétisera les échanges et l'autre le fonctionnement du département financier qui prendra en charge les excédents et les déficits de l'ensemble des pays. Aussi la nouvelle Banque Mondiale Réformée aura-t-elle toutes les attributions d'une banque. Etant donné que le nouveau système respectera les règles qui découlent des principes de l'économie, il n'engendrera pas les maux qui frappent le fonctionnement du système monétaire international actuel, comme le démontrent les quelques exemples qui suivent.

1° Le nouveau système rendra sans objet tout raisonnement en termes de liquidité internationale, car celle-ci n'apparaîtra plus.

2° En toute logique, le nouveau système sera amené à distinguer les taux d'intérêt monétaire et financier, car la source de la monétisation des échanges est distincte de la source du financement des achats nets.

Le taux d'intérêt monétaire (la monnaie qui monétise les échanges) doit être fixé à un niveau qui couvre les frais de fonctionnement du département monétaire. Nous savons que la monnaie, en tant que telle, n'a pas de pouvoir d'achat positif, elle résulte de l'émission du département monétaire du nouveau système, elle est destinée à monétiser les échanges, elle est un simple intermédiaire des échanges.

Le taux d'intérêt financier doit être fixé à un niveau qui couvre les frais de fonctionnement de ce département. Il est important de remarquer que, dans le nouveau système, le taux d'intérêt financier ne dépend plus du niveau de l'offre et de la demande des prêts et des emprunts puisque, par définition, les excédents (qui déterminent le montant des crédits financiers dont dispose le nouveau système) et les déficits (qui déterminent le montant des crédits financiers que le nouveau système peut accorder) sont toujours égaux. Ainsi, dans le nouveau système, la détermination du taux d'intérêt financier ne dépend plus des marchés financiers ni des politiques monétaires et économiques des pays.

3° Le nouveau système fera disparaître la cause de l'apparition des faux paiements, qui n'existeront plus, conséquence de l'application de la deuxième règle : les achats nets doivent être financés par les ventes nettes. Aucun pays n'aura plus le droit de financer le déficit de sa balance commerciale avec sa propre monnaie. Ainsi le respect des règles qui découlent des principes et qui fondent le fonctionnement du nouveau système écartera les faux paiements et la source du « financement » des achats illégitimes au niveau international. La disparition des faux paiements entraînera aussi la disparition de la liquidité internationale.

4° Le nouveau système fera disparaître la hiérarchie entre les pays emprunteurs qui ont besoin de financer le déficit de leur balance commerciale par des emprunts. Le système actuel fait apparaître cette hiérarchie, premièrement, du fait qu'il existe, dans ce système, une liquidité internationale, deuxièmement, du fait que les détenteurs de cette liquidité ou leurs ayants droit (les organismes financiers) cherchent les placements les plus sûrs et les plus rémunérateurs. Or, ces deux exigences n'apparaîtront plus dans le nouveau système, cela pour plusieurs raisons liées. (i) Nous l'avons vu, le nouveau système ne fera pas apparaître de liquidité internationale. Si cette liquidité n'existe plus, il n'y aura plus rien pour faire face à une quelconque demande, ce qui signifie qu'il n'y aura pas de taux d'intérêt à déterminer sur le marché financier. (ii) C'est le département financier du nouveau système qui prendra en charge les excédents des pays exportateurs nets. (iii) Le nouveau système sera le meilleur garant des prêts accordés.

Il nous faut également préciser et démontrer que le nouveau système financier international représentera aussi le meilleur garant pour les pays excédentaires. Pour fonder cette démonstration, nous devons résoudre deux problèmes qui concernent deux ensembles de pays.

Premièrement, celui des pays industrialisés qui réalisent une balance commerciale déficitaire et qui se trouvent dans l'impossibilité d'honorer leurs dettes dans les délais qui leur sont accordés. Pour faire face à cette situation, le nouveau système financier international peut constituer un fonds de réserve chaque fois que la situation de certains pays l'exige. On peut imaginer que ce fonds de réserve sera constitué par un prélèvement, dont le taux sera déterminé selon les besoins de chaque période, sur l'ensemble des exportations de chaque période considérée. Il est important de remarquer que le nouveau système peut arrêter et reprendre ce prélèvement en fonction des besoins. Il est non moins important de préciser que le montant prélevé sur l'ensemble des échanges sera restitué dès que les pays industrialisés qui se trouvaient dans l'impossibilité d'honorer leurs dettes dans les délais réaliseront une balance commerciale excédentaire.

Deuxièmement, l'autre problème est celui des pays en développement qui se trouvent dans l'impossibilité d'honorer leurs dettes vis-à-vis du nouveau système. Dans ce cas, c'est la solidarité internationale qui doit intervenir. Pour faire face à cette situation, le nouveau système financier international doit constituer un fonds de solidarité qui permettra à ces pays de financer leurs achats nets ; nous pouvons imaginer, par exemple, un prélèvement de 0,5% sur l'ensemble des exportations.. (J'ai établi de façon plus complète l'organisation de la solidarité internationale dans mon ouvrage intitulé : *Etude économique et géopolitique du développement*, (2002) ; Ed. L'Harmattan.)

Nous constatons que le nouveau système financier international permet donc d'organiser les conditions capables d'écarter les risques de non-paiement dans les délais et de résoudre le problème de l'insolvabilité des pays les moins avancés économiquement. C'est pourquoi nous pouvons affirmer que le nouveau système financier international sera le meilleur garant pour satisfaire l'exigence des pays qui réalisent un excédent de leur balance commerciale.

5° La suppression de la liquidité internationale fera disparaître la source qui alimente les spéculations au niveau international.

6° Les taux de change ne se détermineront plus par rapport à l'offre et à la demande de chaque monnaie sur les marchés financiers ni par rapport aux résultats de la balance commerciale de chaque pays. Dans le nouveau système monétaire international, les pays n'auront pas besoin de se présenter sur le marché financier pour obtenir les fonds destinés à financer leurs achats nets, puisque ce système mettra à leur disposition les fonds équivalant à leurs besoins et résultant des ventes des pays vendeurs nets. Le nouveau système créera les conditions de l'établissement des taux de change dans le respect de la parité des pouvoirs d'achat. Il aura en charge aussi de faire respecter ces taux de change par l'ensemble des pays membres.

7° La suppression de la liquidité internationale fera disparaître la source qui alimente les mouvements de capitaux financiers, les placements et déplacements d'un pays à l'autre. En effet, nous savons qu'actuellement ce sont les mouvements de capitaux qui constituent l'une des principales causes des variations des taux de change, ce qui signifie qu'il n'est pas certain que ces variations des taux de change se déterminent dans le respect du principe de la parité des pouvoirs d'achat. Or, dans le nouveau système, les taux de change seront déterminés dans le respect du principe de la parité des pouvoirs d'achat. Une fois ces taux de change établis dans le respect de ce principe, ils pourront être constamment réajustés en fonction de l'évolution des prix dans les différents pays.

8° Le nouveau système monétaire et financier international ne fera pas apparaître de liquidité internationale. Il fera ainsi disparaître non seulement la source qui alimente actuellement les mouvements de capitaux, mais aussi, et de ce fait même, la source qui alimente les placements dans une nation des capitaux financiers d'autres nations. Autrement dit, le nouveau système créera les conditions qui faciliteront l'application des règles qui découlent des principes économiques. L'application de ces règles fera disparaître également la possibilité de l'apparition des entreprises dites multinationales et les délocalisations aux conséquences néfastes tant pour les pays receveurs que pour les pays qui sont à l'origine du financement de l'implantation de ces entreprises dans d'autres pays.

9° Les taux de change établis dans le respect de la parité des pouvoirs d'achat écarteront la principale cause qui se trouve être à l'origine des échanges inégaux et qui, de ce fait, incite actuellement les financiers à délocaliser leurs entreprises. Ainsi seront écartées les causes des conflits d'origine économique et les conséquences néfastes des délocalisations, que nous avons évoquées.

X. L'articulation du système monétaire et financier international avec les systèmes monétaires et financiers nationaux

Les réformes des systèmes bancaires nationaux et du système monétaire et financier international seront pleinement réalisées dès lors que nous aurons établi l'articulation entre le fonctionnement des systèmes monétaires et financiers nationaux et celui du système monétaire et financier international. C'est une articulation qui s'impose dès qu'un pays a des relations d'échange avec d'autres pays et, en particulier, lorsqu'il réalise des importations ou exportations nettes.

La réforme du système monétaire international exige l'existence d'une véritable Banque Mondiale. Cette nouvelle Banque doit jouer, au niveau international, le rôle de Banque Centrale des Banques Centrales pour l'ensemble des nations membres de la nouvelle Banque Mondiale. En effet, l'une des fonctions importantes de la Banque Centrale d'un pays est de gérer les relations financières de son pays avec les autres pays.

Ces relations entre les Banques Centrales passent par l'intermédiaire de la nouvelle Banque Mondiale, car c'est elle qui doit gérer les créances et les dettes entre les pays.

Pour faire apparaître l'importance et, surtout, la nécessité de cette articulation, évoquons les conséquences du fonctionnement sans articulation des deux systèmes. Rappelons qu'actuellement, dans un pays, les importations nettes font apparaître une offre sans demande et les exportations nettes font apparaître une demande sans offre. Cette offre sans demande et cette demande sans offre apparaissent essentiellement pour deux raisons liées. Premièrement, actuellement, les systèmes bancaires nationaux ne respectent pas la règle qui gouverne la monétisation économique (la création de monnaie). Deuxièmement, il n'existe pas de véritable monnaie internationale et il n'est pas possible d'établir une articulation entre les Banques Centrales et le système monétaire et financier international actuel, puisque la Banque Mondiale qui émettrait la monnaie internationale n'existe pas.

Nous devons établir, comme l'exigent les règles qui découlent des principes de l'économie, que l'achat des importations nettes d'un pays sont financées par le revenu formé dans les pays exportateurs nets. L'établissement de cette relation passe par l'établissement de l'articulation entre les Banques Centrales des pays et la nouvelle Banque Mondiale.

La Banque Centrale de chaque pays aura un département d'enregistrement que l'on pourra appeler département financier spécifique qui lui permettra de centraliser et de dégager, à chaque période élémentaire, le montant du résultat net de la balance commerciale du pays considéré, et elle sera en relation avec le département financier de la Banque Mondiale réformée. C'est là une nécessité que nous allons justifier.

La règle qui fonde l'établissement de la hiérarchie bancaire s'oppose à ce que la banque de premier rang (la Banque Centrale) gère les prêts financiers à l'intérieur de son pays. Dans le nouveau système, ce rôle incombera aux départements financiers des banques de second rang et des organismes financiers. Nous avons vu aussi qu'il n'y a pas de relation monétaire entre un pays et le reste du monde, car une fois les opérations d'échange entre les pays terminées, il ne reste entre eux que des relations financières. Avec la réforme, la monétisation des échanges internationaux sera assumée par la nouvelle Banque Mondiale. La Banque Centrale de chaque pays devant centraliser toutes les opérations financières entre son pays et le reste du monde, ce sont ces opérations qui seront gérées par le département financier spécifique de la Banque Centrale de chaque pays.

Nous avons vu, enfin, que le nouveau système monétaire et financier international aura la responsabilité de monétiser les échanges de marchandises entre les pays et de gérer les excédents et les déficits de l'ensemble des pays. Dès que la monétisation des échanges sera terminée, la nouvelle Banque Mondiale fera apparaître, sur le compte de son département financier, les créances-dettes de l'ensemble des pays. Cette Banque transmettra à la Banque Centrale de chaque pays le résultat de ces échanges représentant leurs créances ou leurs dettes. Il ne sera pas nécessaire que les Banques Centrales sachent quels pays seront devenus leurs créanciers ou leurs débiteurs, puisque la responsabilité de ces opérations incombera à la seule Banque Mondiale réformée et que ce sera elle la garante de ces opérations.

Nous devons démontrer qu'en dernière analyse ce sont les titulaires de revenu des pays exportateurs nets qui sont à l'origine du financement des importations nettes des pays déficitaires.

Deux problèmes liés sont à résoudre : d'une part, comment les titulaires de revenu des pays excédentaires financeront les achats nets dans les pays déficitaires, d'autre part, comment écarter l'une des causes de l'insuffisance de la demande globale dans les pays importateurs nets et l'une des causes de l'inflation-déséquilibre dans les pays exportateurs nets. Il s'agit de démontrer que les solutions à ces problèmes passent par l'articulation entre les systèmes monétaires et financiers nationaux réformés et le nouveau système monétaire et financier international. Etant donné que toutes les opérations financières entre les pays passeront par leur Banque Centrale, et étant donné que la nouvelle Banque Mondiale gèrera toutes les opérations financières entre pays, l'articulation passera par l'établissement de la relation entre la Banque Centrale de chaque pays et la nouvelle Banque Mondiale.

Dans le nouveau système monétaire et financier international, du fait qu'il respectera les règles de l'économie d'échange, les achats nets d'un pays seront financés par les ventes nettes d'autres pays. Les pays déficitaires deviendront débiteurs et les pays excédentaires deviendront créanciers du nouveau système. En effet, c'est le nouveau système qui aura pour rôle de monétiser les échanges et qui prendra en charge les excédents et les déficits de chaque pays. Le respect de cette règle écartera la cause de l'apparition des faux paiements. Ce seront les Banques Centrales qui géreront les créances et dettes de leur pays vis-à-vis du nouveau système financier international. C'est ainsi que s'établira une première relation entre la Banque Centrale de chaque pays et le nouveau système monétaire et financier international.

Toutefois, il ne suffit pas d'affirmer que le système financier international s'interpose pour permettre aux pays vendeurs nets de financer les achats nets d'autres pays, encore faut-il savoir quels sont les titulaires de revenu qui sont à l'origine du financement des importations nettes. Il est vrai que la règle de l'économie d'échange exige que les pays exportateurs nets financent les achats nets des pays déficitaires et que l'intervention de la Banque Mondiale réformée facilite le respect de cette règle. Mais il est vrai aussi que cette opération, pour être complète, doit se prolonger dans les pays acheteurs nets et vendeurs nets car, en dernière analyse, les acheteurs des pays importateurs nets consomment une partie du revenu réel des travailleurs des pays exportateurs nets. Par conséquent, il faut démontrer comment les titulaires de revenu des pays qui réalisent une balance commerciale excédentaire prêtent leur épargne forcée (car elle est réalisée du fait que les pays considérés réalisent une balance commerciale excédentaire) aux acheteurs des pays importateurs nets.

Dans un pays exportateur net, les exportateurs financent l'achat des produits destinés à l'exportation essentiellement par des emprunts. De ce fait, le montant des emprunts, équivalant aux exportations nettes, est retiré du marché du pays considéré, car les achats finals dans un pays valent la destruction de la monnaie qui a permis la monétisation de la production et dans ce cas, ce sont les exportateurs qui exercent des achats sur les produits destinés à l'exportation. Cette opération permet aux entreprises de récupérer le montant de monnaie qui leur a servi à monétiser leur production. Par conséquent, elle permet d'éviter, dans le pays exportateur net, l'apparition d'une demande sans offre, elle est réalisée dans le respect du principe économique selon lequel, dans un pays, la dépense du revenu dans les achats finals écoule le produit, quelle que soit la destination du produit écoulé. Toutefois, le système bancaire national réformé garde en mémoire, dans son département financier, le montant des prêts (des titulaires de revenu) et le montant des emprunts (des exportateurs), ce qui lui permet de connaître le montant qui a financé les exportations nettes. Il est évident que c'est la Banque Centrale de chaque pays qui détermine le résultat net des exportations.

Dans le pays importateur net, nous devons établir la relation entre le montant qui représente les importations nettes et le même montant qui représente les exportations nettes dans le ou les pays qui les ont réalisées.

Dans le pays importateur net, le système bancaire réformé émet de la monnaie pour un montant équivalant aux importations nettes. Ce montant est connu, car la Banque Centrale de chaque pays constitue le lieu de passage de toutes les opérations financières concernant les importations et les exportations de son pays. Cette émission de monnaie écarte l'insuffisance de la demande globale, insuffisance qui est due, nous l'avons vu, d'une part (en l'absence d'articulation entre les systèmes bancaires nationaux et le système monétaire et financier international) à l'apparition d'une offre sans demande, d'autre part au fonctionnement du système bancaire actuel, dans lequel l'achat de devises, pour financer les importations nettes, engendre une destruction de monnaie.

Nous devons démontrer qu'en dernière analyse c'est l'épargne (forcée) des titulaires de revenu des pays exportateurs nets qui permet aux acheteurs des pays importateurs nets de financer l'achat des produits représentant les importations nettes. Cette relation découle de deux règles qui découlent elles-mêmes des principes fondamentaux de l'économie d'échange. Selon la première règle, les achats doivent être financés par les ventes et, selon la deuxième règle, les achats nets doivent être financés par les ventes nettes.

Dans le nouveau système, les exportations nettes d'un pays seront financées par l'épargne des titulaires de revenu de ce pays. Les exportations nettes du pays considéré feront apparaître la créance de ce pays à l'actif du compte du département financier du nouveau système monétaire et financier international. Cette créance apparaîtra aussi à l'actif du compte de la Banque Centrale du pays qui réalise des exportations nettes. Les importations nettes d'un pays feront apparaître au passif du compte du département financier du nouveau système monétaire et financier international le montant de la dette de ce pays. Cette dette apparaîtra aussi au passif du compte de la Banque Centrale du pays qui réalise des importations nettes. Les montants qui apparaîtront à l'actif et au passif de la nouvelle Banque Mondiale seront égaux, car, par définition, les montants des importations nettes et des exportations nettes des pays considérés dans leur ensemble sont toujours égaux.

Ainsi apparaissent plusieurs opérations qui permettent d'établir l'articulation entre les épargnants qui financent les exportations nettes d'un pays, la Banque Centrale de leur pays, le nouveau système monétaire et financier international, la Banque Centrale du pays importateur net et les acheteurs des produits représentant les importations nettes de ce pays.

Nous pouvons faire apparaître cette articulation de la façon suivante. Premièrement, le système bancaire du pays exportateur net devient débiteur des épargnants qui ont financé les exportations nettes. Deuxièmement, la Banque Centrale établit le résultat de la balance commerciale de ce pays, dans ce cas, les exportations nettes. Troisièmement, la Banque Centrale du pays exportateur net devient créancière du nouveau système financier international. Quatrièmement, ce nouveau système devient créancier de la Banque Centrale du pays importateur net. Cinquièmement, la Banque Centrale du pays considéré autorise le système bancaire du pays importateur net à émettre le montant de monnaie équivalant aux importations nettes. Enfin, sixièmement, le système bancaire de ce pays devient créancier des acheteurs des produits représentant les importations nettes. Il apparaît clairement, à travers cette articulation, qu'en dernière analyse, ce sont les titulaires de revenu du pays exportateur net qui prêtent aux acheteurs du pays importateur net.

Cette articulation est établie dans le respect des règles selon lesquelles, dans l'économie internationale, les ventes doivent financer les achats et, par conséquent, les ventes nettes doivent financer les achats nets.

D'après ces règles, les épargnants ou leurs ayants droit des pays vendeurs excédentaires d'une période (P_1) pourront exercer leur pouvoir d'achat lorsque leur pays réalisera, dans les périodes à venir, une balance commerciale déficitaire égale au montant des excédents de la période P_1. En effet, les systèmes bancaires des pays qui avaient réalisé une balance commerciale excédentaire en P_1, et qui réalisent dans la période courante une balance commerciale déficitaire, émettront le montant de monnaie équivalant à leurs importations nettes. Ce montant de monnaie permettra d'écarter la cause de l'apparition d'une insuffisance de la demande globale due aux importations nettes, il permettra également aux épargnants ou à leurs ayants droit des pays vendeurs excédentaires de la période P_1 d'exercer leur pouvoir d'achat sur les produits qui sont offerts sur le marché de la période courante dans leur économie. Autrement dit, les titulaires de revenu de la période P_1, qui n'avaient pas exercé leur pouvoir d'achat en P_1, du fait que leur pays avait réalisé des exportations nettes en P_1, pourront l'exercer dans la période où leur pays réalisera une balance commerciale déficitaire pour le montant des excédents de la période P_1.

Le montant de la monnaie émise pour écouler les importations nettes sera récupéré par les importateurs grâce à la vente des produits importés et il leur permettra de rembourser le système bancaire. Ainsi donc, dans le nouveau système, la Banque Centrale de chaque pays considéré constatera la destruction du montant de la monnaie émise à cette fin. Le nouveau système monétaire et financier international annulera les créances des pays exportateurs nets de la période P_1, par conséquent, il annulera aussi la dette des pays qui avaient une balance commerciale déficitaire dans cette même période. Les Banques Centrales de ces derniers constateront le remboursement de leur dette vis-à-vis du nouveau système financier international. Les systèmes bancaires nationaux de ces pays se feront rembourser le montant de la monnaie émise pour écouler les importations nettes de la période p_1.

La réforme du système monétaire et financier international, la réforme des systèmes monétaires et financiers nationaux et l'articulation entre les deux permettront d'écarter les causes des maux qui frappent actuellement l'économie internationale et les économies nationales. Ces réformes et cette articulation créeront les conditions qui permettront de réaliser le financement des échanges internationaux dans le respect des règles qui découlent des principes de l'économie internationale et de l'économie nationale. Elles feront disparaître les causes des faux paiements, les variations des taux de change (variations qui ne respectent pas le principe de la parité des pouvoirs d'achat). Elles écarteront l'une des causes de l'apparition de l'inflation-déséquilibre dans les pays qui réalisent une balance commerciale excédentaire, écarteront l'une des causes de l'insuffisance de la demande globale, donc de l'aggravation de la situation de l'emploi dans les pays importateurs nets. L'application de ces règles est particulièrement importante pour les pays en développement, car la plupart de ces pays ont des balances commerciales qui sont en déficit chronique.

Toutefois, il est à prévoir que, compte tenu des intérêts en jeu, la réalisation de ces réformes rencontrera une résistance égoïste, essentiellement de la part de certains dirigeants qui prétendent défendre les intérêts de leur pays, des financiers avides de réaliser des plus-values toujours plus fructueuses et des spéculateurs qui profitent de la situation actuelle. Seules une réelle prise de conscience de tous et une vraie solidarité et coopération entre tous les pays permettront de vaincre cette résistance. Une prise de conscience du plus grand nombre pourrait permettre aux dirigeants des institutions internationales et des divers pays de se détacher de l'influence des lobbies qui défendent des intérêts partisans.

Conclusion

Cette étude permet de constater que c'est l'application de règles arbitraires qui se trouve être à l'origine des maux qui frappent les économies nationales et l'économie internationale, des maux tels que, par exemple, l'aggravation de la situation de l'emploi, l'aggravation des inégalités économiques et donc sociales, la dégradation des comptes publics, la dégradation des balances commerciales dans les pays industrialisés et le pillage des pays émergents et en développement dont les monnaies sont sous-évaluées, l'augmentation des écarts de revenu réel entre les pays les moins avancés et les plus avancés économiquement. Elle permet de constater qu'actuellement l'évolution économique de certains pays se réalise aux dépens de l'évolution économique d'autres pays. Elle permet de constater que la richesse créée de par le monde ne bénéficie pas à tous selon la participation de chacun à la réalisation de la production. Et le constat de tous ces maux amène parfois à douter que l'économie puisse être considérée comme une science. En fait, tous ceux qui doutent tirent une conclusion hâtive du constat qu'ils ont sous les yeux. Mais c'est une erreur.

En établissant, grâce à un raisonnement rationnel et rigoureux, les principes ou lois de l'économie, la nouvelle théorie que je propose permet enfin de démontrer que l'économie est une science et que les principes de l'économie sont immuables. Un exemple de principe : la production seule est source de revenu. La nouvelle théorie permet de constater que ces maux sont les conséquences de l'application, par les dirigeants politiques, économiques et monétaires, des règles arbitraires qui ont été établies par des théories sans fondement rationnel. Elle permet de constater que les théories sans fondement rationnel et en particulier la théorie actuellement dominante se trouvent dans l'impossibilité d'écarter les maux qui frappent les économies nationales et l'économie internationale.

Mais elle permet aussi et surtout de comprendre que ces maux ne sont pas des fatalités et qu'ils peuvent être vaincus. Elle permet de constater que des solutions existent, il suffit d'appliquer les règles qui sont déduites logiquement des principes de l'économie établis rationnellement. Toutefois, pour les appliquer il faut, d'une part les connaître, d'autre part les faire accepter, au niveau national, par des dirigeants qui soient au service de leur pays et de l'ensemble de la population de leur pays et, au niveau international, par des dirigeants des organisations internationales qui soient au service de l'ensemble des pays et de l'ensemble de la population mondiale. A cette fin, il faut que l'ensemble de ces dirigeants, au niveau national comme au niveau international, sortent de l'emprise des lobbies des financiers et de tous ceux qui défendent des intérêts partisans. Enfin, la nouvelle théorie fait apparaître la nécessité de réformer le système bancaire au niveau de chaque pays et le système monétaire et financier au niveau international afin de faciliter l'application des règles du fonctionnement normal des économies nationales et de l'économie internationale,.

Il est possible d'établir les conditions qui permettent à chacun d'obtenir une part du produit selon sa participation à la réalisation de la production. Il est donc possible d'écarter la spoliation de ceux qui vivent du revenu de leur travail, cause de conflits à l'intérieur des pays. Il est possible d'écarter les causes du dysfonctionnement de l'économie. Il est possible d'écarter les causes des délocalisations qui ne sont favorables ni aux pays d'origine de leur financement ni aux pays où les entreprises délocalisées s'implantent. Il est possible d'écarter le pillage de certains pays. Il est possible que l'ensemble des pays se développent sans que l'évolution économique des uns se réalise aux dépens des autres. Il est possible d'écarter les causes de l'apparition de pays gagnants et de pays perdants, de pays dominants et de pays dominés. Il est donc possible d'écarter les causes de conflits d'origine économique entre les pays. Il est possible de mettre enfin l'ensemble des pays à égalité. Il est donc possible d'établir les conditions de la réalisation de l'entente pacifique à l'intérieur des pays et entre les pays. Ainsi la nouvelle théorie économique fait-elle renaître l'espoir d'un fonctionnement harmonieux de l'économie nationale comme de l'économie internationale.

Table des matières

L'HARMATTAN, ITALIA
Via Degli Artisti 15; 10124 Torino

L'HARMATTAN HONGRIE
Könyvesbolt ; Kossuth L. u. 14-16
1053 Budapest

L'HARMATTAN BURKINA FASO
Avenue Mohamar Kadhafi (Ouaga 2000) – à 200 m du pont échangeur
12 BP 226 OUAGADOUGOU
(00226) 50 37 54 36
harmattanburkina@yahoo.fr

ESPACE L'HARMATTAN KINSHASA
Faculté des Sciences sociales,
politiques et administratives
BP243, KIN XI
Université de Kinshasa

L'HARMATTAN CONGO
67, av. E. P. Lumumba
Bât. – Congo Pharmacie (Bib. Nat.)
BP2874 Brazzaville
harmattan.congo@yahoo.fr

L'HARMATTAN GUINÉE
Almamya Rue KA 028, en face du restaurant Le Cèdre
OKB agency BP 3470 Conakry
(00224) 60 20 85 08
harmattanguinee@yahoo.fr

L'HARMATTAN CÔTE D'IVOIRE
M. Etien N'dah Ahmon
Résidence Karl / cité des arts
Abidjan-Cocody 03 BP 1588 Abidjan 03
(00225) 05 77 87 31

L'HARMATTAN MAURITANIE
Espace El Kettab du livre francophone
N° 472 avenue du Palais des Congrès
BP 316 Nouakchott
(00222) 63 25 980

L'HARMATTAN CAMEROUN
BP 11486
Face à la SNI, immeuble Don Bosco
Yaoundé
(00237) 99 76 61 66
harmattancam@yahoo.fr

L'HARMATTAN SÉNÉGAL
« Villa Rose », rue de Diourbel X G, Point E
BP 45034 Dakar FANN
(00221) 33 825 98 58 / 77 242 25 08
senharmattan@gmail.com

508517 - Novembre 2012
Achevé d'imprimer par

1livre.com

www.ingramcontent.com/pod-product-compliance
Lightning Source LLC
LaVergne TN
LVHW011040061026
849535LV00006B/2100